张幼仪

爱到绝境，灵魂才会逆袭

韩素因 著

张幼仪

时事出版社

序

一朵失爱不失人生的玫瑰

佛陀说："这世间种种没有一样比得上爱的意义。"死去之前，我只会问自己，有没有爱得足够。爱是一个女人生命的精华和中心，但并不是每个女人都那么幸运地在追寻中得以完成，所以我想敢于用一生的代价来成全爱和付出责任的女人，内心深处一定有着不屈服的灵魂和尊严。

有一种女人是这样的，她不算漂亮，没有倾国倾城的美貌，没有卓越的起跑线，出场的时候不张扬也不华丽，但是她性情坚韧，踏实肯干，理性大度，像是经过岁月洗礼的沉香，时间越久，越有味道。民国，一个处于想象与怀恋的自由主义时期，许多美好的事物皆从民国这个迷人的时代开启，那个时代的女性成为思想解放与时尚流行的一个标本。这个时代，太多美丽的女人历历在目：林徽因、张爱玲、陆小曼、丁玲、唐瑛、冰心、杨绛、王映霞、赵一荻、于凤至、萧红……如今美人容颜已逝，但是人们并没有真正忘记她们。其中，有这样一位女人，在历史的一角，总是被人遗忘，被历史尘封。其实她是那样地坚强、勇敢、宽容、自尊、自立、自强，并创造了美好的事业。她，不是别人，正是中国浪漫诗人徐志摩的原配夫人张幼仪。或许，她曾经输得一败涂地，因为她生活在一个那样不公平的时代。但是，她像一只传说中的不死鸟，从来没有放弃过求生的渴望。她像一位不屈的战士，从来没有向不公的命运低下过自己高贵的头颅，她在苦难中韬光养晦，厚积薄发，用点滴的汗水改写了自己的命运。是的，这本传记就是要娓娓道来一个在命运的旋涡中自强不息，并最终赢回人生的平凡女人传奇的一生。

有人说：“苦难是人生的上师，人生吃苦是一个常数。”年轻时不吃苦，年老时就得补回来。脑力上不吃苦，体力上就得补回来。人生无常，张幼仪的一生起起伏伏。在真如老家当二小姐的日子，可以说是无忧无虑。四哥张公权的一个建议，让她过了七年风雨飘摇的围城生活。在异国他乡，丈夫徐志摩一句“我要做中国第一个离婚的男人”，让她经历了中国第一桩西式文明离婚案。重新恢复自由的这一刻，也许才是张幼仪真正精彩人生的开始，而这之前她一直都像穿着封建礼教的戏服在舞台上演话剧。在德国，她凤凰涅槃，读书教子，充实自己，准备回国浴火重生。1926年，她学成归国，华丽转身，叱咤上海滩二十余年。银行家、云裳时装总经理、民社党执委（管理党内财务），她的名字终于不再需要依附任何人，她终于蜕变得无所畏惧，学会了在封建礼教的束缚下独立行走。离婚三十年后，她晚年得爱，嫁给了志同道合的苏医生。八十八岁高龄，她儿孙满堂，在美国纽约告别人间。

回忆张幼仪的一生，我不禁惊讶于她“去德国前”、“去德国后”的分水岭，无论是做媳妇还是做自己，她都做到了极致，让人无可挑剔。然而“顺从”和“独立”从来都是人性的两个极端，我不禁追问，是苦难磨练了张幼仪，还是一开始她就在内心埋下了“自尊心”和“不屈服”的种子？翻阅史料，我溯流求索，原来一切外境都是自心的显现，张幼仪其实一直未曾改变，她对自己自立自强、自尊自律的要求在少女时代就已种下种子，少妇时代历经磨砺，中年时期愈挫愈勇，晚年时期收获果实，这样的人生轨迹原来是一种福报的必然。无独有偶，在张幼仪离婚的那段时期，鲁迅的太太朱安也被遗弃了。两个命运相似的女人，同受中国传统封建婚姻体制的束缚，却在后半生走出完全不一样的路。朱安还在原点等待丈夫回心转意，而张幼仪却选择了潇洒告别。

她敏感，在沙士顿听到丈夫从没有爱过自己的真诚坦白后，也曾伤心欲绝，也曾想，无爱的婚姻里可以允许丈夫三妻四妾。旧时代，婚姻对女人而言就意味着成为男人的附属品；在男权社会，女人似乎就应该是男人的私有物品。但是张幼仪选择了成长，选择了自我救赎。在婚姻的不幸中，她开辟出一条独立自强的道路，她意念中那种执拗的力量，强大到多年以后让自己佩服。1967年，已经六十七岁、白发苍苍的张幼仪和自己再婚的丈夫苏医生重游英国康桥、德国柏林，她不敢想象自己曾那样年轻过：那是一段让自己都感动的岁月啊！十五岁，豆蔻年华，也曾满心欢喜，嫁了才华横溢、家世优良的如意郎君，但是当头棒喝，掀起红盖头的一刹那，却被鄙夷地认定为“乡下土包子”。多年的婚姻，和丈夫团聚不到四个月的寂寞围城生活，对于一个女人来说，到底有多不堪？到英国陪读，又遭遇丈夫外遇、失踪。小儿刚满月，丈夫又回来逼迫离婚。求助家人，二哥的回信居然是：“张家失摩之痛，如丧考妣。”那年，法国乡下，离婚文件上写着改变张幼仪未来命运的一行字：“男女双方已经决定终止他们的婚姻。”试想一下，她不同意又能怎样？徐志摩早已迫不及待地在那张纸上签了字，还有模有样地请了两个证明人——金岳霖和吴经熊先生。多年以后，很多人同情张幼仪：为什么受伤的人应该是她？她明明没有错。

众所周知，徐志摩对红颜知己博爱多情，林徽因、凌淑华、赛珍珠、韩湘眉……他的暧昧数不胜数。但是对于张幼仪，他或许真的亏欠了太多。当年，徐志摩想和陆小曼结婚，几乎遭到所有人的反对，这段旷世之恋，有违纲常伦理，简直惊世骇俗。徐父徐申如迫于社会舆论压力，要求徐陆结婚必须由胡适做引荐人，主持婚礼，梁启超做证婚人，并且第三条是必须经过原配张幼仪首肯。否则，他们只认张幼仪这一个儿媳妇。没有想到张幼仪却一笑泯恩仇，并没有横加阻拦。因为她明白，她和他的故事早就已经结束了，甚至可以说从来就没有真正地开始过。要走的人留不住，留不住的不强求。

他们的故事开始于20世纪初。1913年，在硖石老家，十六岁的徐志摩第一次看到张幼仪的照片，带着对旧式婚姻的偏见，作为接受了西方自由思想之风的新时代青年，他显然看不上这个“乡下土包子”。错误的时间，遇到了错误的人，好个“乡下土包子”！这当头一棒，定下了张幼仪七年婚姻的基调。从此，徐志摩再没有正眼看过她，命运莫名其妙地让她措手不及。

谁又知道，其实出生名门的张幼仪原来也是位新女性。她说：“我有两副面孔，一副听从旧言论，一副聆听新言论，我的内在有一部分停留在东方，一部分眺望着西方，我具备女性的气质，也拥有男性的气概。”那时的她，顺从的一面占了上方，对于这段家族安排的婚姻，她并没有提出异议。1920年，徐志摩在英国与林徽因的绯闻闹得沸沸扬扬，于是徐家安排张幼仪出国与徐志摩团聚，但无论张幼仪怎么努力地去做一个好妻子，该来的还是没有躲过。一天早上，徐志摩宣布：他要带一个女同学回家吃晚饭。张幼仪知道，他传说中的女朋友要登场了，那一整天她都很惶恐，但最后她发誓："我要以庄重高贵的姿态超脱徐志摩强迫我接受的这项侮辱，对这女人的态度要坚定随和，不要表现出嫉妒或生气。"但那天，当看到那个上门来挑战她婚姻的女子，她差点笑出声来。那个女人非常努力地想表现得洋气，但那双小脚却挤在两只绣花鞋里。这新式女子竟然裹了脚!

张幼仪第一次对自己的婚姻和命运产生了怀疑。她并未像徐志摩预想的那样，逆来顺受地接受他的"新太太"，也因为这双插进婚姻的小脚，她开始对丈夫感到气愤、失望甚至鄙视。

她不明白，所以开始思考人生："假如徐志摩打算接受这种女人的话，他为什么不鼓励我上学？为什么不让我学英文？为什么不帮忙让我变得和普通大脚女人一样新潮？为什么徐志摩想和这个女人在一起的程度，超过想和我在一起的程度？我并没有一双小脚，年轻的时候也读过书，我学的东西可以和这个女人一样多啊！"

然而，经历七年沉默的围城生活后，1922年2月，中国近代第一桩离婚案终究还是发生了。一时之间，张幼仪被推到舆论的风口浪尖，她的伤口被大家争相目睹。但张幼仪是一个奇女子，谁也没有想到，面对这样残败的人生开场、这样的一副烂牌，困在牢笼中的她居然能起死回生，翻身赢得了后半生的胜利。

离开徐志摩后，张幼仪放弃国内优越的生活，选择留学德国，为以后的生活做打算。回国后，张幼仪成为中国第一位女银行总裁，在上海商界呼声很高。她又创办了中国第一家新式服装公司——云裳时装公司，她的商业天赋彻底被释放。她还涉足股市，所买股票一路飘红。

她的惊艳转身，让曾经最嫌弃她的丈夫徐志摩刮目相看，1926年在柏林，徐志摩在写给陆小曼的信中，既佩服又感慨地说："她是个有志气、有胆量的女子……"

生活在旧上海的女人们，她们的命运大多被男人主宰着。陆小曼挥金如土，但是没有一分钱是她自己挣来的，若是生活在现代，只能说她是位出身良好的阔太太，人生上半场华丽出场，却落得个晚景凄凉，在上海孤独终老。张幼仪晚年在接受侄孙女张邦梅的采访时，曾不无感慨地讲："我不是个有魅力的女人，我做人严肃，因为我是苦过来的。"她一个人在远离家乡、语言不通的英国，又被丈夫遗弃，但她不想放弃追求，只因她对自己的人生有要求，所以她只能坚强！为了挽回张家的颜面，二哥要求她在五年之内不能跟其他男子同进同出，这使得张幼仪的异国求学之路雪上加霜，经历了生命中最沉重的痛，她也终于明白了人生的残酷和现实：她不坚强，没人替她勇敢。之后，德国人负责严谨的态度一直伴随着她的余生，如此来之不易的后半生，她能幸福，也在意料之中，不然上帝实在不公平。晚年在香港，五十三岁的张幼仪遇到小她三岁的中医苏季子，她无谓世俗目光，勇敢地为自己潇洒爱一回，接受了姐弟恋，两人幸福地生活了二十八年，台湾版的《徐志摩全集》就是在夫妻二人的策划下编辑完成的。

梁实秋回忆张幼仪时说：“她是一位有风度的少妇，朴实而干练，给人极好的印象。后来每遇徐家有事，张幼仪都会尽力帮助。凡认识她的人，没有不敬重她的，没有不祝福她的。”

当年，徐志摩待她之薄情是有目共睹的，但她却做到以德报怨。徐志摩罹难后，她每月还寄钱帮助陆小曼，帮助徐家打理产业，作为干女儿为徐志摩的父母送终，着实是馈赠了他一辈子。

大音稀声，大爱无言，张幼仪是个心有大爱的女子，并没有活在回忆里，离开徐志摩后，她从物质到感情，都成功地做到了独立。人生是一场漫长孤独的旅途，我们无法选择自己的出场，但是完全可以像张幼仪一样做自己人生的导演，改写落幕和结局。张幼仪人生的下半场，幸福地获得了全胜。岁月像一把雕刻刀，让她人生的质感如浮雕般凸显出来，几十年的时光过去，居然生生地把徐志摩身边的红颜衬得黯然失色。从照片到资料，在徐志摩的那些女人中，张幼仪无疑是最沉默低调的，但是当我们深入其中，却总能感受到她那种融入生命、刻入骨髓的充满力量的信仰：她让我们明白，什么叫作女人的尊严。

张幼仪是中国第一位承受文明“灾祸”的弱女子，即使在离婚频发的今天，又有多少女人能对自己的遭遇有这般深刻的反省，像她一样勇敢豁达地挣脱无爱婚姻的束缚？张幼仪晚年曾把自己的人生一分为二：“去德国前”和“去德国后”。去德国前，她大概是什么都怕，怕离婚，怕做错事，怕得不到丈夫的爱，委曲求全，却每每受到伤害；去德国后，她遭遇了人生最沉重的伤痛，与丈夫离婚，心爱的儿子死在他乡，人生最晦暗时光，如一张大网，铺天盖地笼罩着她，一切都跌至谷底。伤痛让人清醒，就在这时候，她忽然明白，人生任何事情，原来都要依靠自己，别人的怜悯，搏不来美好的未来。离婚丧子之痛，让张幼仪一夜长大，羞怯少女转身成为铿锵玫瑰，就算风雨再大，她也无所畏惧，所以很快便走出人生的悲恸。

张幼仪一生为人严谨，有人说她不计较，帮徐志摩照顾父母，养老送终，还帮徐志摩出全集，她都亲力亲为。其实，她又何尝不计较，一个不计较的女子，怎会在离婚后，独居多年？她只是同自己计较罢了。晚年，张幼仪对爱的定义堪称经典。孙辈问她到底爱不爱徐志摩，她答道：“你晓得，我没办法回答这个问题。我对这个问题很迷惑，因为每个人都告诉我，我为徐志摩做了这么多事，我一定是爱他的。可是，我没办法说什么叫爱，我这辈子从没跟什么人说过‘我爱你’。如果照顾徐志摩和他家人叫作爱的话，那我大概是爱他的吧。在他一生当中遇到的几个女人里面，说不定我最爱他。”

这样的回答，厚积薄发，她像一个起点并不出色，但是依靠勤能补拙取得好成绩的优等生，远兜远转，嘴上谦逊着，可是内心磅礴的自信掷地有声，无意中，透露出一种女性的彪悍与自信。

人生是一场福报。真爱过，会沉默。若不是张邦梅在哈佛大学无意中发现了自己的姑婆原来就是大诗人徐志摩的原配，怕是这样一个沉默的女人是不愿意让大家揭开面纱，看到她那注满沉甸甸的爱与责任的一生的。但命运从来都是公平的，如此饱满丰富的她没有权利沉默，就像吃苦的人没有权利悲伤一样。

这样一个背负着沉重的爱与责任的女人，灵魂不可征服，尊严不可侵犯。她的一生，应该圆满，也值得铭记。

我想是这样的。

目　录
CONTENTS

第六辑　秋实·晚年得爱·颐养天年

第一辑

冬眠·平凡无忧的日子

第一章

宿命·张家第一个天足女孩

“美玉”出生

佛家宿命论认为：“一切众生在无数的轮回中。命运是由偶然因素造成的，犹言生来注定。”

1900年12月29日寅时，在江苏宝山县（现属上海）的一个小村子里，张家生了个女孩子。张家是当地巨富，家里有两台红顶轿子。祖辈为清朝的高官，父辈张祖泽是救死扶伤的医生。那天，按照惯例，佣人将女孩的脐带埋在屋子外面，因为女孩子长大以后要出嫁，就成了“外面人”。如果生的是男孩，佣人就会把小孩子的脐带收起来，藏在母亲床下的罐子里。在那个年代，也许只有男孩子才真正算是自家的孩子。张家前后生了12个孩子，八男四女，祖母对外人说起张府家里的孩子时总讲：“我们张家有八个孙子。”不过张家父母思想开明，早早送儿子出国读书，男孩们都颇有出息。张幼仪的二哥张君劢是后来中国近现代史上颇有影响的政治家和哲学家、民社党创立者，四哥张公权是中国银行的董事。因此，当年张家祖母对外人介绍时，张家4个孙女好像不存在似的。

张家长辈们说张家有八个孩子，因为只有儿子才算数。儿子将来要继承香火，而女儿以后会出嫁，挑起夫家的责任。家里人说：“张幼仪天生强若男子，比她晚出生十一个月的七弟却恰恰相反，软弱得像个女人。”家人还说：“她出生的时候，妈妈身上的男子气概都被她拿走了，只剩下女性的柔弱留给了七弟。”这说法虽然让人觉得好笑，不过张幼仪可不敢苟同。多年以后，她才明白，应该是生活把她变得如此坚强，因为她发现，除了坚强她已别无选择。十五岁结婚，十八岁婚后三年有了儿子阿欢，二十二岁离婚，这么年轻就经历了这么多事。

在宝山，张家一大家子都按中国习俗住在一个大合院里，那合院邻近镇中心，有两个院子，一处做府邸，一处闲居，还有一间开了八扇桃花心木门的前厅。当地大多数家庭都只有一个院子和开了四扇前门的正厅，不过张家在当地拥有许多土地，张幼仪的祖父又是清廷的高官，他的画像高挂在客厅内祖宗供桌的上方，以及前院一间特别的小屋里。小屋里还摆着两顶轿子，是一位朝官送给她祖父的礼物，当时的宝山还没有一户人家拥有私家轿子，因此它们是贵重的私产，张家也只在特殊场合使用。除此之外，这座大宅的风水好得不得了，充满吉兆。老人们说："房子朝北会招风引敌，向南可以朝阳纳吉，而张家的合院坐北朝南，也就是背对北方。"所以张家的运气应该很好，才能找得到这种方位的房子。张府祖母、父辈们和儿孙们，三代同堂，人丁众多，大家各有各的厨房和佣人，甚至还有一个只替张家做鞋的佣人。那时候，人人都穿布鞋，而张家上下一大家子每天都有人需要新鞋。

父母给这个新生儿取名叫张嘉玢，小名幼仪。"玢"是一种玉。父亲有一次外出归来时，给张幼仪带来一枚玉别针，别针放在手里，对着太阳会闪光。"幼"字中含有善良的意思，"仪"表示一个人外表和容貌端庄。时人评价张幼仪："其人线条甚美，雅爱淡妆，沉默寡言，举止端庄，秀外慧中。"

张幼仪生性倔强，爱好体育，颇有男子阳刚之气。从小受二哥张君劢和四哥张公权的影响，她接受新事物，求知欲很强，渴望读书。张幼仪出生于1900年，是正当义和团围攻西方人的时刻。当时中国有一群人是极为憎恨西方的，但西方思想却仿若是一股无可抵挡的力量，有意无意地影响着当时中国的人们。在这个变动的时代，张幼仪听从旧言论也聆听新言论，她的内在一部分停留在东方，一部分眺望着西方。她具备女性的气质，也同时拥有男性的气概。张幼仪究竟是真如她自己所言，是因为与徐志摩离婚才成长的？抑或是在她的成长过程中已然有许多促使她成长的种子埋下，只待发芽的？张幼仪在不重视女性的传统中国社会中长大，离婚后却力争上游，成为上海的银行家、服装公司总经理，她像极了一棵从小被压抑成长的大树，但它终究是一棵大树的种子，而不是一棵小草，虽然她曾经跟小草一样渺小。

名门望族之女

张幼仪生在上海的宝山，但她的祖籍并不是上海，而是陕西眉县，她的祖辈们后居住在江西省南城县，最后才迁移到嘉定县的葛隆镇。在真如镇人民政府所藏的《真如张氏族谱（1889）》里，关于张家第一世有这样一段话：“秋蓉公讳果先世为陕西眉县人，后析居江西南城县，迨公徙嘉定县之葛隆镇，遂家焉。明季兵燹致失谱牒公，以上世次无可考证，谨奉公为始祖公。”

张幼仪的父亲张祖泽，字幼涛，号润之，生于同治六年（1867年）丁卯七月初八未时。他曾在苏州曹沧州学医，后又相继在上海、南翔一带开设诊所，是当地有名的中医。张幼仪的侄子张国魁说：“我的爷爷是个很有名的医生，我在北平的时候，听好几个医生对我说，你爷爷的医术非常棒!”张祖泽为自己子孙后代挑了“嘉国邦明”这四个字排辈起名字。张幼仪就属于“嘉”字辈的。其中“嘉”和“明”谐音“家”和“民”，“嘉国邦明”的意思就是“由家至国再及于人民”。

张家的祖先经营盐业，张幼仪的曾祖父改行行医，施药济贫，在当地颇有善名。她的家族从祖父辈开始做官，祖父以举人的身份在四川省任县令十余年，蛮有声望。祖父在当官之余，喜欢读一些宋明义理之学，同时对医卜星相也很用心。后来，他为辞官回到嘉定县城定居。

雍正二年（1724年）嘉定划归宝山县，真如镇属于宝山县。张家位于真如镇的中心，在寺前街道东面的北大街处。北大街、南大街、南横街是真如镇的主要街道，而寺前街对面的穿心街是纵贯集镇中心的。张家将自己的家称为式训堂，张国魁曾有一份年表叫“式训堂生辰表”。张家的宅院是砖木结构，坐北朝南，前有厢房，后有大厅，显得气宇轩昂。后来房子毁于“八一三”战火。现在这儿已是建起了高楼大厦，门前的弹硌路变成了水泥地，过去的一切都已无踪影。

张幼仪可谓当之无愧的大家闺秀，但是她后来听徐家佣人说，徐志摩第一次见到她的照片时，却把嘴角往下一撇，用充满鄙夷的口吻说：“乡下土包子！”自她嫁入徐家，徐志摩也从没有正眼看过她。张幼仪出生在上海宝山的一个大户人家，又是书香门第，徐志摩嫌她乡气，应该不是从出身、地位等现实条件来说的，而是一个受西方教育和现代思潮影响的年轻人，对没有见识、没有自我的传统女性难以认同的表现。

后来，张幼仪留洋归国，在上海闯出一片新天地，可以说除了自己的努力外，家族兄弟的帮衬也是很重要的原因。前前后后，八弟、七哥也在她蜕变过程中帮了很多忙。当她被徐志摩离休后，娘家和婆家的很多人都替她感到委屈，但她平静地说：“其实老天对我还不错”。她也是有所依靠的，因为她出生在一户这样的名门望族。1926年张幼仪回国后，四哥张公权曾将上海的公寓腾出来给张幼仪和阿欢生活，自己和太太另起新居，也算是对他当年牵线妹妹这门姻缘的补偿。

很多人对张幼仪的认识，都停留在徐志摩的原配太太阶段，并且想当然地以为包办婚姻的原配们大抵都没有读过什么书，也肯定没有什么见识，像是鲁迅的原配朱安，胡适的太太江冬秀，她们应该都是“乡下的土包子”。大部分人总是理所当然地给这些原配们冠上一个“应该”和“大概”定论的帽子。记得上学时，学习徐志摩的诗，老师是这么介绍这位原配夫人的：诗人的原配应该没有见过什么世面，也应该长相一般。后来上了大学，读书多了起来，才知道原来张幼仪沉默低调，原来她也出身名门望族，原来她也有名有姓，原来她也事业不凡。但是那时候依然读不懂她，并且觉得很奇怪的是，她不是江冬秀那样的“小脚”，却一直贴着“小脚”的标签。那时我可以读懂她的坚强，但却读不懂她的隐忍。我不明白，她为什么一直沉默，一直无怨无悔。后来在社会上尝到了生活的艰辛，体味到了世态的炎凉，感受到了现实的残酷和人情的冷暖，我穿越到了那个时代，感受到了来自那个时代的气息，重新穿越到张幼仪的内心，陪着她一起成长，我才明白她其实是非常幸运的。从自我价值实现和赢取自我尊严这个角度上讲，她的人生非常圆满，盖棺定论，她收获了比林徽因、陆小曼这些徐志摩为之疯狂的时代宠儿多得多的东西。像济慈所言：“把自己的一生写在水上。”像林语堂所说：“我这一生至少要有敢做我自己的自由。”人生就像股票的K线，起起伏伏，而张幼仪的一生，非常完满。不卑不亢，这也许是那个时代人的人生素养和价值追求。闫红曾经说过：“那个旧时代的女人，要想自立自强，是一定要吃些亏的。”像后来张幼仪的侄孙女在她的口述自传《小脚与西服》中反问的那样：若是张幼仪不是个女性，她论出身、论才智也许并不比徐志摩的成就要小，但是她是位巾帼，她生在了一个女性必须沉默的年代。接受和隐忍是她唯一的选择，接受自己的出身，但是更接受自己的姻缘，这是宿命。很多人喜欢民国，因为民国生活节奏很慢，那里没有手机，没有这么多的私家车，它慢得一生只能去爱一个人。那时候人们追求的是信仰，那群人都活得很纯粹。民国像是一个符号，也许这是我们这些现代人只可远观不能亵玩的吧。

小脚没裹成

张幼仪长到三岁的时候，母亲准备为她裹小脚了。现在有的人认为这是中国的国耻，至少是一种不文明的象征。其实我们应该比较客观地把它作为历史来看待，女人的小脚里可是藏着一部中国历史的。古代的“三寸金莲”，还是中国特有的一种性象征，这又是和文化联系在一起的。在过去，女人的脚甚至比脸更为重要，因为它是特属于某个男人私有的玩物。然而张幼仪拥有的却是一双大脚。在三岁那年，幼仪的脚被缠上了厚厚的白棉布，可是裹脚的仪式只进行了三天，到了第四天早晨，再也忍受不了妹妹尖叫声的二哥张君劢出面阻止了裹脚仪式。他对母亲说：“别折腾她了，太疼了。”就这样，张幼仪成了张家第一个天足女子。

1914年，一股民主、自由的“新思潮”在中华大地蔓延，在浙江最好的学堂杭州府中学堂深深受到“新思潮”影响的徐志摩的眼里，女子仅仅拥有天足，并不等同于“新女性”。张幼仪后来讲：

“对于我丈夫来说，我两只脚可以说是缠过的，因为他认为我思想守旧，又没有读过什么书。”这块裹脚布其实就是陈旧落后的封建思想，张幼仪是传统的，尤其是在骨子里，她始终都遵守着中国古代良家妇女的“三从四德”。幼仪是家中第一个未缠脚的女孩（她下面的两位妹妹也都未缠脚），长大后从阿嬷到堂兄弟姊妹都曾经因为幼仪的大脚发过牢骚或是加以揶揄。虽然未缠脚，虽然她的二哥与四哥影响了她，但无论如何，张幼仪当时的观念仍旧是“女子无才便是德”，她并不想“突兀”。

民国元年（1912年），幼仪说服了父母，邀了大姐一块儿进入苏州第二女子师范学校读书。在学校里，幼仪受到老师极为不同的对待——这多少也是因为幼仪是个未缠脚的女学生。在老师的观念中，缠了脚的女孩是观念守旧的且没有学习能力的。后来，幼仪定亲之后仍旧回到学校上课，但此时的老师在教学上对她的态度开始变得懒散且无所谓。张幼仪晚年回忆，这虽是一个师范学校，却不曾有一个同学完成学业变成老师的，其中也包含幼仪本身，这不能不说是那个时代女性的悲哀。女性不得解放，经济事业不能独立，就永远都是男人的附庸品。她后来担任东吴大学的德文老师，也是从德国回来之后的事了。

张幼仪既是徐志摩的第一任妻子，同时又是徐志摩的父亲徐氏家族大家长徐申如疼爱的儿媳兼养女。在她的身上，既有旧式女子“三从四德”的忍耐，又有新女性奋发图强的态度。她曾遭遇人生最沉重的怆痛，但她意念中那种执拗的力量，也许在她抗争不裹小脚的时候就埋下了种子。晚年的张幼仪曾告诉张邦梅：“在中国，女人是一文不值的。她出生以后，得听父亲的话；结婚以后，得服从丈夫；守寡以后，又得顺着儿子。你瞧，女人就是这么不值钱。这是我要给你上的第一课，这样你才能真正了解一切。”她抗争命运，但她终究还是在时代的旋涡里，这是时代的宿命，但是张幼仪一直清醒并深刻着，所以她知道风往哪儿吹，她从来都没有迷失过自己的方向。

根据张幼仪的说法，二哥自幼所接受的新式自由思想不但在形式上影响到他积极反对家人为幼仪裹小脚，而从幼仪和二哥之间的互动来看，其对幼仪的影响似乎又超过了生理上的解放。幼仪曾经提到：“我认为我享受教育的欲望，是来自我晓得自己生在变动时代这个事实，我非常崇拜二哥和四哥，而且我又是家中第一个没缠脚的女孩。”

从幼仪的回忆可看出，当时中国两性之间的地位男权至上的，一个女人必须“在家从父、出外从夫、夫死从子”，所以女人在当时的中国家庭里可以说是不算户口的。因此，张父虽然重视孩子的教育，但在经济困难的情况下还是将男孩子的教育机会放在最优先处。幼仪提到，她父母亲不会花钱让女儿念书，之后即便张父让幼仪和大姐一同上学，也是因为张父觉得让学校养育两个女儿，在成本考虑上比起自己养育来要更经济实惠。幼仪的父母亲甚至说：“女孩子家读不读书无所谓……女孩子家活着就是为了结婚的，你得留在家里时刻准备着接受命运的安排。”所以在张幼仪侄孙女1996版的口述自传《小脚与西服》中，她开口第一句话便是：“在中国，女人家是一文不值的。”如此定论，也就不足为奇了。

小脚“野蛮”大脚“文明”？

回首整个20世纪初期，层出不穷却又变动不居的“新政体”、“新学界”与“新道德”，不但引燃了王朝革命的炮火，也打开了未来两性平权的闸门。政治学者萨孟武曾说：“那时一切都开始转变，在这转变期之中，一切又要求解放。到了五四，最先实现解放的，却是中国妇女的足，由缠足解放为天足。”

有一个郭沫若的故事，可以说明那个时代新旧思想的冲击及其对家庭观念产生的革命性风暴。郭沫若大哥问他是喜欢大脚还是喜欢小脚。郭沫若说：“我自然喜欢大脚了。”大哥高兴得不免提高了一段声音来说：“好的，你很文明。大脚是文明，小脚是野蛮。”“混账东西！”突然一声怒骂从父亲的床上爆发了出来，“你这东西才文明啦，你把你的祖先八代都骂成蛮子去了！”像是晴天里的一声霹雳。大哥和郭沫若都出乎意料，然后而立之年的大哥哭了起来。其实，郭沫若的父亲并不是怎样顽固的人，但是两代人所处的时代终究是两个时代。用“文明”与“野蛮”来评价“大脚”与“小脚”，或许意味着晚清引入中国的文明论和进化论基本成为五四一代娴熟运用的价值尺度。然而，郭家父亲的怒斥、大哥的痛哭和郭沫若的惊愕，却同样拼贴出一幅言有尽而意无穷的画面。虽然时代已是“两个时代”，父亲也并不“顽固”，但现实仍是在同一屋檐之下，严重存在着新旧两代性别认知的纠结与不安。

不过，较之男性，五四时期接受新知的部分女性，已经开始标新立异地展示性别的自主与自觉。据北平女子高等师范国文系的女作家卢隐追忆：“那时候，在我们每星期五晚上的讲演会上，有一个同学，竟大胆地讲恋爱自由……当她站在讲台上，把她的讲题写在黑板上时，有些人竟惊得吐舌头，而我却暗暗地佩服她，后来她讲了许多理论上的恋爱自由，又提出许多西洋的事实来证明。大家有窃窃私议的，有脸上露出鄙夷的表示的，也有的竟发出咄咄的怪声。而那位同学呢，雪白的脸上，涨起了红潮，她是在咬牙忍受群众的压迫呢。散会后，我独自去安慰她，同情她，而且鼓励她勇敢前进，这样一来，我也被众人认为是新人物。”

张幼仪就是生活在这样一个时代，但她做了张家第一个天足女人，又苛求像男子一样接受现代教育。然而，终究是“父母之命，媒妁之言”。连她开明的父亲都认为，女孩子读不读书没什么差别，关键是等着一份上天安排的好姻缘。她又能说些什么呢？她从小接受的就是这样根深蒂固的教育，从未怀疑，也从未想到反抗。

婚后张幼仪足不出户，总是长时间跟着婆婆坐在院子里缝缝补补。她也曾写信给苏州第二女子师范学校，希望能完成中断的学业，但学校的态度是必须要重读一年，也就是需要两年才能真正毕业，这对于一个需要天天料理家务、养育孩子、照顾公婆初入大宅门的新媳妇来说，时间太久了。这使得张幼仪读书的愿望成为泡影，一直到晚年，她都为没能到“像丈夫所爱的女人读的那种一流学校上学”而耿耿于怀。

其实，真正的文明不仅仅是形式上的“大脚”取代“小脚”，如果只是天足，但是思想还裹着裹脚布，那离真正的文明也依然很远。

第二章

执着·我要去读书

受惠于辛亥革命

旧中国重男轻女，辛亥革命后，随着共和国体的建立，资产阶级自由民主的思想也席卷整个中华大地，男女平等、妇女解放、自由恋爱的呼声一时间在资产阶级和知识分子中响起。张幼仪就是在这样的社会背景下，得以在新旧变革时代接受新思想教育。她先是成为一个不肯缠足的大家闺秀，生理上得以除旧立新。这时她内心深处也感受到了中国未来的变局，因此埋下了深深的渴求知识的欲望。

第一次世界大战之后，维新运动思想启蒙余温尚在，共和国建立，资产阶级登上历史舞台，他们呼吁的争取自由和主权，为中国妇女解放迎来了机遇，这是中国历史上妇女解放的一个转折点，也是世界第一次妇女解放浪潮的至高点。男女平权、社交公开、贞操问题、恋爱自由、婚姻自由等，对中国当时的广大女性来说，开启了全新的历史新局面。

五四运动高举民主与科学、自由与民主的大旗，第一条就是提倡人权，反对专制。新婚之夜，张幼仪的婚姻是沉默的，那时候的徐志摩在浙江最好的中学已经接受了资产阶级最先进的新思潮。后来徐志摩找张幼仪聊天，告诉她："现在的中国正在经历一场巨大的变革，未来中国的妇女将会迎来人权的解放。人生来享受自由、平等和生存等方面的权利，不可侵犯。未来的妇女将会跟男人一样享受政治、经济和教育的平等。"那时候的张幼仪虽然读了三年的女子师范，但是传统的封建礼教还像身体的毒瘤一样侵袭着她，"嫁夫随夫、相夫教子"等传统思想还在她的思想中根深蒂固，她只是觉得奇怪，为什么徐志摩新婚不久便坚定地对她说："我要做中国第一个离婚的男人。"是的，最后，他如愿以偿，像他自己对自己的评价："他这一生最重要的决定大抵都与感情有关。"而最最原始的一份决定，原来是对中国封建礼教的挣扎和逃离。

中国近代史上的第一次妇女解放运动，开始于戊戌维新时期的思想启蒙运动，主要集中于戒缠足和兴女学，提倡最基本的人权，即自由生存的权利和受教育的权利。1912年，张幼仪十二岁，有一天她看到上海《申报》上登载了苏州第二女子师范学校的广告，求学心切的她向母亲提出读书的请求。张家书香世家，生活富足，父母也算开明，二哥、四哥都在日本、欧洲留过洋，但是对于女孩子读书这事儿，张父的态度却是：女孩子读书不读书没有什么区别，关键还是要等着嫁一个好丈夫，相夫教子，那才是那个年代女人的正途。张幼仪是聪明的，她告诉张父学费如此低廉，既可以学习知识，又能够节约家庭开支，更何况大姐算命二十六岁之前不能出嫁，总也要找点事情做才好，一箭三雕，何乐而不为？张父一听，让学校替自己养闺女不仅成本低，还能附带着学点知识，于是便同意了。后来张幼仪回忆，那时候的她一心想学到新知识，成为一名小学教师，教书育人，而事实上结果却是，她们那些学师范的同学，最后居然没有一个人真正从事教书职业，想想不免感到伤悲。

后来事与愿违，张幼仪在学校只读了三年书，就被迫离开学校，回到家中，因为她已红鸾高照，身不由己了。张幼仪的婚事是她四哥张公权做的媒。张公权于清末从日本学成归国后，开始在盛宣怀主持下的邮传部任职。辛亥革命后，他应浙江都督朱瑞之邀，担任秘书。他视察各学校时，在杭州第一中学发现有个学生的作文很突出，作文题目《论小说与社会的关系》，文笔老道，大有任公梁启超的气魄，且书法俊秀，才华横溢。几经探询，张公权得悉此人名叫徐志摩，是硖石一个地主富豪人家的独生子。公权自告奋勇，写了封想要联姻的信给徐志摩的父亲徐申如。徐申如当然是喜出望外，他立即回信，答应了这门婚事。张家书香世家，父辈从医，远近闻名。二哥从政，四哥也是留学日本，张家政治经济地位不可小觑。徐申如回信中写道："我徐申如有幸娶公权之妹做儿媳。"1915年，年仅十五岁的张幼仪，与尚在北平大学读书的徐志摩结为夫妇，随后张幼仪就搬到浙江硖石徐家去做少奶奶了。

这其中曾经有一个插曲，对于这门婚事，张幼仪自然是没有意见的，多年来的家教告诉她的就是，女孩子长大了，在家从父，婚后从夫，夫死从子。对于四哥和家人帮自己选定的人，她没有意见。她心中唯一犹豫的是，她不能中断学业。但是令张幼仪失望的是，等到她订婚后，再去女子师范读书，老师已经对她爱搭不理了。老师也许很明白一个事实，那个年代的女孩子一旦结了婚，那就意味着成为某个男人的附属品了，要在学问上有所成就，经济上有所独立，那简直是天方夜谭。

1915年是中华民族苦难深重的一年，辛亥革命虽然推翻了封建王朝，给中国带来了短暂的希望，但是希望很快幻灭，政权很快落到以袁世凯为首的旧军阀势力的手里。袁世凯承认“二十一条”，军阀当权，先进的资产阶级知识分子认为，革命需要先革思想的命，因此首先就需要改变中国人根深蒂固的封建思想。但是袁世凯复辟帝制倒行逆施，尊孔复古。陈独秀1915年夏从日本回到中国，创办了《新青年》，在创刊词上他旗帜鲜明地提出了《新青年》的六项标准，其中第一条就是：自由的而非奴隶的。这个“自由”的字眼，后来对张幼仪的丈夫徐志摩影响甚大，他甚至为了这种自由，一切皆可抛。当然，这很大程度上来自于他对自由恋爱和美好爱情的浪漫追求，而张幼仪成了这个追求的绊脚石。像她晚年回忆：“我像是一把秋天里的扇子，用完了整个夏季，就被主人撕破了。”那时候，文人的文学作品也开始关注女性人权。胡适的《终身大事》可以说是中国第一个以两性和婚恋为题材的独幕话剧。鲁迅的《伤逝》更成了那个时代女性勇敢追求自由恋爱的挽歌。子君的“我是我自己的，与任何人无关”的誓言似乎还掷地有声，而涓生与子君的爱情激情终究消磨在了时代世俗的浪潮里。人终究是社会和时代的产物，在张幼仪生活的那个年代，追求自由和爱情，需要飞蛾扑火的勇气和决心。

张幼仪接受过现代教育，但很奇怪喜欢读《新青年》，喜欢“自由、民主、科学”新思潮的徐志摩并不喜欢她。婚后，他们之间也没有什么话说，张幼仪个性沉默坚毅。她帮助公公理财，甚为得力，但这些老人眼中的优点，在活泼飘逸、热情奔放的诗人徐志摩眼里，那就是呆板无趣、僵硬乏味。但同样执拗的张幼仪始终认为，教育和读书一定可以让丈夫对自己刮目相看。婚后徐志摩在张君劢的引荐下，花了一千大洋，终于拜自己的偶像梁启超为师。可是婚后七年，这对新人在一起的日子只有短短四个月。张幼仪足不出户，总是长时间跟着婆婆坐在院子里缝缝补补。婚后她也曾写信给苏州第二女子师范学校，求学不成，她就在家里请了家庭教师，教授英语、地理、中文和历史等。她等着丈夫回家的时候，学问的持平可以减少他们的陌生感，可以让她与丈夫平等交流，使丈夫刮目相看。

丁言昭女士为张幼仪作传，曾给书起了一个恰切的副题——在传统与现代中挣扎的女人。张幼仪嫁给徐志摩，很大程度上是遵从兄长的选择：“想到了母亲的苦心，想到了四哥的慈爱，自己有什么理由不嫁给四哥相中的男人呢？”婚后为了侍奉公婆，她又放弃了完成学业的念头，凡此种种莫不见出其因循传统的一面。离婚后徐志摩写信给她:“自由离婚，始兆幸福，皆在此矣。”徐对张不可谓不绝情，但这番表白却也真挚，与此后张幼仪的人生际遇相印证，“始兆幸福”之语大致不差。张幼仪传统女性的“现代新生”让人感佩不已。1927年张幼仪担任上海云裳服装公司总经理，后来又成为上海女子商业储蓄银行董事……

在徐志摩周围的那些女性中，张幼仪可能是面容最显模糊的。徐志摩的冷淡与离弃，会让人想到她以泪洗面的柔弱，但是在徐志摩的侄儿徐炎眼中，张幼仪分明是个女强人，他评价张幼仪说:“她性格刚强，严于管束，大时尤甚，富于手段；很有主见，也很有主张，且相当主动……”徐志摩讨厌张幼仪，鄙夷地吐出一句:“乡下土包子”，但是梁实秋却称赞她“极有风度”，风流倜傥的罗隆基甚至对她一见倾心。这其实来自于她对现代新潮女性思想的接受，来自于她与她生活时代的握手言和。“书中自有黄金屋，书中自有颜如玉”，从某种程度上讲，也许正是读书的渴望和追求改变了张幼仪一生的命运。

女子无才便是德？

清朝张岱的《公祭祁夫人》中的眉公曾说：“丈夫有德便是才，女子无才便是德。”在传统的旧中国，女人无需具有任何知识，“嫁汉嫁汉，穿衣吃饭”等俗语给女人的一生做了最贴切的注解。张幼仪的父母得知徐家是江南富商时，甚为欢喜。徐家开办有电灯厂、蚕丝厂、布厂、徐裕丰酱园、裕通钱庄等，虽然旧社会存在着重农抑商的风气，但是如此殷实的家境，徐志摩颇有才华又有理想，还是独子，进门的媳妇避免了大宅门妯娌间的周旋与排挤，乍看这么好的条件，显然是张幼仪最好的归宿。张幼仪在新婚之夜本想要告诉徐志摩，她感谢命运的安排，因为现在她是徐家的人了，她愿意好好地侍奉他们的父母。但是，她所受的传统教育不允许自己在这个时候先开口。

几十年后的现在，对于现代知性前卫的女性，婚姻只是生活的一种方式，而不是必经之路，女性的自我价值已经在当代得到完全释放。生育已经不是女人的责任，而是一种权利。可是那时，女人的第一功能是生育孩子，传宗接代；第二功能是侍候公婆丈夫、操持家务。她们渴望的美满家庭就是等待男人的恩赐，张幼仪和徐志摩结婚七年，一直都在等待这个男人回家，开始是丈夫三年的国内辗转求学，然后是美国、英国。她自从进了徐家门，也许就注定要为这个男人而付出一生。挑起夫家的责任，这是张幼仪家庭教育她的。她是书香门第的大家闺秀，又接受过三年的现代教育，虽然比不上谢道韫、李清照这些文学大家，但是传统的家教让她学会了做一个贤妻良母。只是聪慧的她又有两幅面孔：她传统，但是她也现代；她接受新思想，但是也克制；她渴求接受知识和教育，但是最大的梦想不过是做一名小学老师，教书育人。也许是因为她非常理性现实，她很清醒，她们生活的年代，社会并不承认她们的才华，因为那个时代不相信女子的才情，只相信簪花、云髻、水袖、莲步，再加上精巧的织锦、刺绣等手艺，所有人都认为只有如后者那样，才是一个真正贤良的淑女，才不用发愁找不到婆家。张幼仪因为一双天足曾经被大家揶揄，找不到好婆家。这也是她第一次向这个世俗抗争必须付出的代价。

人一旦读了书，有了学问，有了见识，整个思想观念和思维方式都会发生巨变。封建社会流行男尊女卑，小脚女人们被禁锢在深宅大院中，男人们推给她们堆积如山的家务，外加生孩子的“使命”。张幼仪在结婚后，向苏州第二女子师范递交了继续完成学业的申请，却被无情退回。如果是在现代，拥有这种求知欲的女子，想必也是能有所造诣的。可是那时的社会却把她推到了大门外。旧社会的大家闺秀们虽然生活有人伺候，从来不愁吃喝，但是她们的人身自由也是被剥夺的，思想也就随之惨遭禁锢。 那时女人不是天生而为女人的，是因男权文化下的历史环境及社会习俗造就而成的。在历史的长河中，男人总是主人，女人总是奴隶。长期的文化奴役使得女性从一出生起就要接受她是“劣于男子的第二性”的潜移默化的教育。她们被教导不需要学习新知，只需要懂得如何取悦男人，对男子应当尊敬、崇拜和服从，学会察言观色，小心翼翼，因为大部分女人都得依靠男子来取得生存的资源。

女人缺乏知识以及由知识支撑的能力而造成的依赖状态给男人们的胡作非为提供了温床。丈夫徐志摩的任性、漠视，也曾让张幼仪坠入孤苦的境地。就算是有修养的男人，他也一样有自己的迷茫和困扰。徐志摩单纯热情，充满活力，文质彬彬，儒雅善良，但是他讨厌旧体制，讨厌束缚和奴役的旧社会，渴望自由，所以他“爱屋及乌”。这是她怎么努力都改变不了的事实，张幼仪成了时代的牺牲品。

直到20世纪50年代，张幼仪找到真爱，她一样困惑。她多次给二哥、四哥写信，因为她觉得需要如父的兄长帮助自己来做这个最后的决定，“三从四德”的思想还在她的脑海里根深蒂固，她始终都在读书进步，却始终都在传统封建礼教与现代女性主义之间徘徊挣扎。她敢于无畏地追求姐弟恋，但是结婚大事上仍然不丢弃礼节，需要经过哥哥和儿子的批准才得以完成。

四哥多次在同意与否中徘徊，最后决定让聪慧的幼仪自己定舵，然而她又提笔给大洋彼岸的儿子徐积锴写信：“母拟出嫁，儿意云何？”儿子的回复情文并茂:“母孀居守节，逾三十年，生我抚我，鞠我育我，劬劳之恩，昊天罔极。今幸粗有树立，且能自瞻。诸孙长成，全出母训……母职已尽，母心宜慰，谁慰母氏？谁伴母氏？母如得人，儿请父事。”有时候，子女就像一面镜子，映照出其母亲的风度和人格，由此也不难想象出张幼仪是何等女子了。

第三章

春风大雅·订婚

凑出来的天作之合

十五岁，这是张幼仪人生的第一个转折点，因为她要嫁人了，而且四哥告诉她，她要嫁的是一个颇有才华和理想的年轻人。那一个时刻，张幼仪是高兴的，还带着些许的期许。她从未与这个叫徐志摩的男子有过什么交集，但是她的心情像那个年代所有的新娘一样，欣喜也忐忑。她期待着与未来的丈夫见面，也期待着他们未来的日子。

徐家是江南一带有名的富商，家里开着电灯厂、蚕丝厂、布厂、酱厂、钱庄，产业也做得很大。徐志摩作为徐家第十三世唯一的男丁，当然备受宠爱。他成年后与林徽因、陆小曼、凌淑华、韩湘眉还有赛珍珠、史沫莱特的传说，似乎也印证了他处处留情，风流而不下流的形象。至于张幼仪的家庭，也是名门望族。1988年，张幼仪以八十八岁的高龄去世的时候，《纽约时报》曾经专题报道，还特别提到“张幼仪的家庭在1949年以前的中国，颇具影响力。他的两位兄长张公权和张君劢，都是财经界和政界的著名人物”。

徐家的聘礼很快送到了，十三岁的张幼仪当时正在江苏都督程德全创办的江苏省立第二女子师范学校读二年级。徐志摩也只有十六岁。两年后的1915年12月5日，双方家长为张幼仪和徐志摩操办了一场极其隆重的旧式婚礼。

谁也没有想到，这个当时精心挑选的如意新郎，七年后会公然登报，他们成了一对惊世骇俗的夫妻。很多人后来讲这是因为徐志摩移情别恋，喜欢上了十六岁就已亭亭玉立、气质不俗的林徽因。后来张幼仪的回忆更为残酷地讲述了事实的真相，原来徐志摩从来就没有爱过张幼仪，徐志摩从一开始就像只刺猬一样排斥她。作为一个传统的女子，她对兄长和父母帮自己挑选的丈夫，只说了一句："我没意见。"多年过去了，她依然清晰地记得那天下午，父母还有四哥把她叫到屋子里，递上一个银质的盒子，里面是她未来丈夫的照片，他们都在等着听听当事人的意见。四哥说照片中的人："白白净净，文质彬彬的。"双颊已经红通通的张幼仪，虽然没说话，但她内心已经认定这就是她一直等待的上天安排给她的男人。

1914年8月的一天，在上海宝山一个最有名气的算命媒婆的家中，张幼仪的母亲带着她还有一个木质盒子，里面是张幼仪还有徐志摩的生辰八字。看完后算命媒婆摇了摇头，张幼仪的母亲赶紧追问："怎么样？"媒婆失望地叹了一口气说："可惜了！这门婚事不配。男徐志摩，生于1897年，属猴，命带玩乐，又有狡猾；女张幼仪，生于1900年，属鼠，勤劳富足，又胆小吝啬。单从属相来说，两人命中犯克。"张幼仪的母亲太想要这门亲事了，赶紧追问："那有什么可以补救吗？有没有什么破法？"算命媒婆掐指一算，说道："命是死的，可人是活的。破法倒是有。我们可以改一下女方的生辰八字，如果改成1898年，属狗，那简直就是天作之合。"张幼仪的姐姐，因为二十六岁之前不能出嫁，所以张幼仪就成了这门婚事的女主角。她没有来得及说话，母亲就非常高兴地答应了："就这么定了，幼仪属狗。"

《增广贤文》中讲："命里有时终须有，命里无时莫强求。"关于命运，张幼仪曾经以为是等待，是老天的安排，像她一出生就是富贵人家，像她大姐，终究是不能二十六岁之前出嫁，像她心地善良，终究老天爷给她送来了一个才貌双全的青年才俊。命由己造，对于老天的安排，她知足。

张幼仪当年的婚礼应该是轰动整个海宁的一场婚礼，也是轰动整个宝山的一场婚礼。张家父亲派幼仪的七哥专门去德国买的新嫁妆。因为家具太多太大，火车根本无法运载，最后他们只能用轮船从上海然后运到钱塘江畔徐家的硖石老家。

这场让父辈们和兄长满心欢喜的姻缘终究是成了，然而徐志摩这个接受了自由民主新思潮的杭州府中学堂的新青年早已萌生了自由恋爱的种子，他抵制这些封建传统旧思想，但是又实在是拗不过父亲，他不情愿地接过张幼仪照片。也许是张幼仪第一次照相的缘故，她穿着刺绣的衣服坐在长凳上，眼神中有一丝惶恐。那一刻，徐志摩鄙夷地说了一句："真是个乡下土包子。"之后，他一直不曾给张幼仪机会了解彼此，张幼仪后来回忆她在新婚之夜曾经想要告诉丈夫："我非常高兴能成为你徐志摩的妻子，我一定会尽我所能照顾公婆，做个贤妻良母。"然而她那时所接受的教育不允许她先开口，她必须矜持。这一矜持，她就矜持了一辈子。徐志摩直到离婚，甚至坠机身亡，也许都未曾真正了解过他的发妻。张幼仪后来回忆这种不能表达的痛时，是这样说的："我还没等开口，我想要辩解，可是他总是那句话：'你懂什么？你能说什么？'"张幼仪不解，在张家，父母开明，几个大哥也都是留过洋的饱学之士，张幼仪跟他们无话不说，可是为什么徐志摩就觉得她一定是没有见识的，他从来都没有给过自己和幼仪一个机会。张幼仪晚年用"错误的时间，遇到错误的人"来形容年轻时候她和丈夫的这段姻缘。这像极了两个不同轨道的行星，他们从对面飞驰运行，刹那间相遇之后，又各自朝着自己的方向滑行了，越行越远，从不曾相交，也不曾同行。婚后，他们之间几乎没有什么话说，张幼仪个性沉默坚毅，但是她的优点，在磁场排斥的丈夫眼中，根本没有位置，那是一种宝贝放错了地方的错位。

有人说，爱情终究是经营不来的，我们唯一可以经营的只有自己，唯一可做的是好好经营自己。徐志摩与张幼仪如此，徐志摩与林徽因如此，徐志摩与陆小曼也不过如此。也许夫妻爱情上张幼仪得到的最少，因为痛楚，所以她领悟得也最深，当拥有的时候，能做的时候，不让爱荒芜，也许就是最深情的经营，爱应该是无怨无悔地付出。

很多人后来说张幼仪是现代女权主义的先驱，是一个在传统与现代中挣扎的女人。社会规范与女权思想之间是有矛盾的，现代女权主义思想强调女性独立、成功，而不是遵循不平等和已经过时的习俗。时人评价张幼仪："她的人谈不到好看，也谈不到难看。嘴唇比较厚，生得黑，性情和善，为人颇受好评，沉默寡言，举止端庄，秀外慧中，亲故多乐于亲近之。"是的，张幼仪跟徐志摩爱的那些个女子不同，她或许不够有趣，却诚恳务家；她或许不够灵动，却足以信赖；她或许不够美丽，却值得托付。我常常想什么样的姑娘才算是好姑娘？知书达理、温文尔雅、克己复礼、秀外慧中、贤惠善良……好姑娘应该拥有好的归宿。可是张幼仪在这段命中注定的姻缘里隐忍了太多太久。徐志摩是一首风花雪月的诗，而她却是一个脚踏实地的实干家。他们俩的婚姻像是两个逆道而行的行星不期而遇之后又朝着自己的轨道滑行了，背道而驰的轨迹让这对性情不合的恋人越行越远。婚姻的神奇之处在于点金成石。温柔被经年的婚姻一过滤变成了琐碎，美丽成了肤浅，才华成了卖弄，浪漫成了浮华，情调成了浪费，很难见到夫妻多年还能够彼此欣赏、相互爱慕的，即使恋爱炙热如徐志摩与陆小曼，婚后一句话不合，便一根大烟枪砸碎眼镜片。那时候的张幼仪相信水滴石穿，她的坚定会迎来某一天丈夫的回心转意和刮目相看。

作为一个追求自由和浪漫的青年，徐志摩对爱情充满幻想和期待，别人要硬塞给他一个新娘，他的第一反应当然是像刺猬一样竖起全身的刺。所以徐志摩会在看到张幼仪照片的时候，鄙夷地说："乡下土包子。"多年以后，徐志摩跟张幼仪说："你愿不愿意做徐家的媳妇，而不做徐志摩的太太。"那个旧时代，女人是要吃亏的，她不能和男性一样平等地接受教育，只能等，等丈夫回家，等丈夫的恩典，但张幼仪嫁的是一个只认爱情不认恩情的人，她终究做不到他想要的。她回答他说："你在向一个没有自由的人要自由。"那时候的张幼仪是害怕的，她的害怕到了极点。卡森·麦卡勒斯在《伤心咖啡馆之歌》中曾说："当你说你不自由的时候，不是指你失去了做什么的自由，而是你想要做的事情得不到别人足够的认可，那带给你精神上或道德上的压力，于是你觉得被压迫，被妨碍，被剥夺。翅膀其实长在你身上，太在乎别人对飞行姿势的批评，所以你飞不起来。"

这不免让人感慨女性在那个时代的悲哀。我又想起了贾拉尔·艾德丁·鲁米的一首诗："你生而有翼，为何竟愿一生匍匐前进，形如虫蚁？”这时的幼仪，将要开始一段心痛的旅程。但是她终将觉醒，因为强大的意愿，会使得一个卑微如虫的生命，将自己的尊严和精神弘扬出来，充满力量，只要有自尊，力量就强大。爱因斯坦曾经说：“有百折不挠的信念所支撑的人的意志，比那些似乎是无敌的物质力量有更强大的威力。”在这样一个不幸的起点及这样一个不幸的时代，张幼仪没有怨天尤人，多年以后，她告诉侄孙女张邦梅：“我要感谢徐志摩，我要感谢离婚，若不是离婚，我可能永远都没有办法找到我自己，在那样一个时代，也没有办法成长。他使我得以解脱，成为另外一个女人。”

母亲的两点忠告

出嫁前，张幼仪的母亲曾告诫她：“第一，在婆家只能说“是”，不能说“不”。第二，无论夫妻关系如何，她都得持续以同样尊敬的方式对待公婆。”这两点像紧箍咒一样的衷告被张幼仪奉为一生的金科玉律，不曾怀疑，它们几乎束缚了她的一生。也许在那个时代，儒家孔家的礼仪道德让这些大户人家秉承着“生死事小，失节事大”的旧教条自命不凡，它们作为家规家教，是子女晚辈们必须信奉的礼节。也许张幼仪不忍心伤害自己的父母，为了尽子女的孝道，三纲五常，她都做到了，所以晚年她受人尊敬。

嫁给徐志摩的时候，张幼仪只有十五岁，还是一个清眉疏睫、红丝低绾的小丫头。作为大户人家的小姐，单从欧洲进口陪嫁的家具，一个火车皮都拉不完。而那时的徐志摩，正逢少年得志，清才冠世，又是富家少爷，祖辈上留下来的家产，够他几辈子花销。世人皆以为此姻缘乃是天作之合，年少的张幼仪亦是带着旖旎无限的美好憧憬，嫁进徐家。迎娶的那日，她穿着红白混合、中西合璧的粉色礼服，戴着镶金带银的中式头冠，蒙了喜帕，怯生生地坐在喜房，素手紧缚，不敢抬起双眼。徐志摩说他要一个西式的新娘，意思大概是要一个穿着西式婚纱的新娘，但是因为白色在中国旧社会是吊丧服丧的颜色，新婚之夜不吉利，所以就做了中西合璧的白色底粉色面镶着两条大龙的特别婚纱。可是如此精心准备的一场婚礼，在徐志摩掀开喜帕的那一刹那，他竟带着玩世不恭的微笑，细细打量了一番，最后吐出的几个字却是："乡下土包子"，然后转身离去。

那一刻，张幼仪的心跳仿佛漏了一拍，她愣愣地呆在原地直望着丈夫渐行渐远的背景，说不出一句话来。打小就受尽万千宠爱的张幼仪，哪里受过如此这般的委屈。许久许久，她才回过神儿来，眼泪夺眶而出，却也只能咬牙咽下，她心里清楚，作为徐家儿媳，除了隐忍和接受，她已经别无选择了。

长夜漫漫，罗衫棉被已寒，洞房花烛已暗，那些在风中被吹破的灯笼，泛黄的红纸，糊不起黑暗中需要的光明。

有人说，当你没有什么可以失去的时候，也许就是你开始得到的时候，如果你还在痛苦，只能说明你还不够痛。婚嫁是女人的第二次投胎，张幼仪冥冥之中感觉，也许自己的人生才真正开始。

古往今来，婚姻状况差得过张幼仪的女子恐怕也没几个。梁实秋曾描写徐志摩："他饮酒，酒量不洪适可而止；他豁拳，出手敏捷而不咄咄逼人；他偶尔打麻将，出牌不假思索，挥洒自如，谈笑自若；他喜欢戏谑，从不出口伤人；他饮宴应酬，从不冷落任谁一个。"但是，一向随和潇洒的诗人对待自己不爱的结发妻子，却冷漠残酷极了。一个女人嫁给一个满身恶习、拳脚相加的无赖，算不算坏婚姻？充其量是遇人不淑，因为坏在明处的人伤得了皮肉伤不了心。但徐志摩不同，他对别人是谦谦君子，唯独对自己的妻子张幼仪，那种冷酷到骨子里的残忍不仅让人心碎，更是让人对自身价值开始极度怀疑与全盘否定："自己果真如此不堪吗？自己做什么都是错的吗？自己没有别的出路了吗？"丈夫的冷漠态度，摧毁掉的是张幼仪对未来生活的信心。

委屈撑大的是胸襟，做出成绩成就的是格局。当徐志摩扯住她盖头一角的时候，张幼仪听见了心鼓在敲，也感觉到了脸上的热度，而当她抬起头又低下去的一瞬，看见的是一双冷漠的眼睛，脸上没有欣喜也没有失望，甚至一丝一毫的情绪波动都找不到。她觉得自己在须臾之间心凉到彻底。更为不幸的是，从此“鄙夷”成了他对待这位第一任夫人的基调。奉命成婚之后，他看她百般不顺眼。有一次，徐志摩在院子里读书，突然喊一个佣人拿东西，又感觉背痒，就喊另一个佣人抓痒，在一旁的张幼仪想要帮忙，徐志摩却用眼神制止了她，那是一种轻蔑而不屑的眼神，让人不寒而栗。

要嫁到徐家之前的两点衷告，像金科玉律一样被张幼仪履行遵守着，一直到她与徐志摩离婚后，她依然将徐志摩的父母照顾得无微不至，甚至他们两位老人家的身后事都是她一手包办的，所以她算是执行彻底。

在床笫之间，徐志摩在最想摆脱幼仪的时候，败给了她身材不错的肉体；但他们终究是没有感情的夫妻，在思想上，徐志摩从未正眼瞧过张幼仪，彷佛幼仪不存在似的。如果说是因为学问，那么幼仪在未结婚之前即与两位有学问的男人相处过——二哥和四哥。幼仪的天足，幼仪曾经受过的新式教育，所有这些似乎都无法让徐志摩对她的观念有一丝一毫的改变。幼仪在离开徐志摩待在法国的时候，赫然发觉自己在许多观念上与缠过脚的小脚女人其实并没什么两样——不敢辜负父母和公婆的期待，未曾怀疑过中国古老的习俗和传统。

徐志摩接受传统婚姻安排娶了张幼仪为妻，婚后第三年，他们完成了传宗接代的任务，然后徐志摩便远赴西方求学。张幼仪守在家乡亦力求上进地苦学英语，她曾天真地以为只要紧紧追随丈夫的脚步便能抓住丈夫的心。可是当她远渡重洋来到英国，才知道徐志摩在旅英期间邂逅了一位才情洋溢的清丽少女林徽因。丈夫为了追求一个这样的灵魂伴侣不顾人在异乡又怀有身孕的她，竟决然提出离婚。幼仪在孤立无援的情况下几度失去求生的勇气，但她终究是坚强起来了，答应了志摩的要求并决定留在异乡重新开始自己的人生。

徐志摩在英国想要跟张幼仪离婚，要求她放他自由追寻真爱，张幼仪回复他：“你向一个没有自由的人要自由。对不起！我给不起！你要的自由，我无能为力！”张幼仪一直清醒并深刻，只是她温和不反抗，所以大家以为她逆来顺受惯了是因为她愚昧，她原来比谁都清醒。那时候的中国女性受到婚姻束缚，无法去找寻自己所要追求的理想丈夫，只能默默地跟随在丈夫的身后，听从丈夫，听从家里长辈的安排，毫无个人的自由可言。然而她从开始订婚嫁入徐家，揭开喜帕，和徐志摩冰冷对峙的那一秒，她始终清醒的。

如果说张幼仪为现代新女性先驱，以事业上的表现而言，她无疑是新女性。但就婚姻来看，她是再传统不过的女人，从兄之意嫁给徐志摩，从夫之意与徐志摩离婚，从子之意再嫁苏医生，终其一生遵守“三从”传统，从这个意义上讲，她是真正的大家闺秀。再看，徐志摩与张幼仪离婚后，两人并没有恶言相向，徐张两家也始终不曾交恶，她照样服侍徐志摩的双亲，徐家父母更因此认幼仪为干女儿。好女人似水，以柔克刚。离婚后，张幼仪又精心抚育她和徐志摩所生的儿子徐积锴。台湾所出版的《徐志摩全集》也是晚年在她的策划下编写的，她为的只是让后人知道徐志摩的著作。

在无常的轮回时空中，没有一次相遇和告别是存在的，人生的幸福依靠于他人的圆满和喜悦，如同水珠与水珠的不可分割。这恰如张幼仪的爱情观——爱一个人应该是责任和付出。当然，人类的本性是软弱和自私的，而爱需要对自我的全部放弃，这其中就需要有慈悲。慈悲里面含有无畏，这也是很多人不能理解曾经那么温顺寡言的张幼仪是如何做到隐忍坚强一生的原因。因为超越了自私的本能，因为慷慨无畏，所以她在爱的修行中，在生和死的两岸间，流淌成一条注满爱的河流。

第四章

豆蔻年华·出嫁

热闹的婚礼

1915年12月5日（阴历十月二十九），徐志摩和张幼仪在硖石商会举行了婚礼，由萧山汤蛰先生当证婚人。这天早上，张幼仪用过早饭后，就由堂姐帮她化新娘妆。因为徐志摩提出要一个新式的新娘，所以那天张幼仪穿了件非常华丽的粉红色婚礼服，里面有好多层丝裙，最外面的一层裙子上绣了几条龙，头上还戴了顶凤冠。看上去，她整个人既是西洋式的又带点儿中国传统的风格。

母亲和堂姐帮张幼仪穿戴好以后，又仔细地检查了一遍，确信没有漏掉什么，才领着她下楼去。张幼仪看见父亲、哥哥、姐姐们都穿着礼服在门外等着，在准备上轿的那一刻，母亲把她的头巾放下来，张幼仪只觉得眼前一片漆黑，什么也看不见了，她心里好紧张，身体差点失去平衡。旁边有几只有力的手抓住了她的胳臂，她这才站稳，在众人的帮助下坐进了花轿。之后，她听到了母亲的声音：“别害怕，有人会一直扶着你的。”

这时，鞭炮声响起，乐队奏起了乐曲，哭新娘声也此起彼伏地响起，好不热闹！队伍出发了，最前面的有四个人，两个举着张家的旗，两个举着徐家的旗，随后就是张幼仪的轿子，哥哥走在轿子的旁边，然后是张家女眷的轿子，最后是撑着红伞的乐队。徐家的队伍紧跟在他们的后面。终于，他们到了礼堂。

礼堂里聚集了好几百嘉宾，张幼仪戴着笨重的头冠，好不容易被人搀扶着走出轿子，进了礼堂。透过喜帕，张幼仪逐渐能看见外面的人影。她被人领着走过一排排的客人，最后走到一张桌子前停住。这时，她听见隔壁有人紧张地清了清嗓子，她知道这人肯定是她的丈夫徐志摩。“原来他和我一样紧张。”张幼仪想着，不觉有点放宽了心。

接下去，他们拜了天地，又拜了高堂，还向七大姑、八大姨以及客人们磕头。那天徐志摩和张幼仪跪下，站起，站起，又跪下，不知磕了多少头，下了多少跪。总之，他俩过了一个多星期，膝盖还在痛，路都没法走。

当徐志摩掀起她的头盖时，张幼仪的心开始发抖，她又是期待又是害怕。她期待他的目光，可是又害怕迎接他的目光，她之前只在楼上偷偷地瞅过他一次，幸亏，她戴的头冠太重，使她无法抬起头直视他的眼睛，仅仅看到他那尖下巴颏儿。

在闹新房时，张幼仪牢牢地记住母亲和堂姐的话，不管别人怎么闹、怎么吵，她始终一声不吭地坐在那里就好。在闹新房这天，不分老小，不分辈分，谁都可以与新郎新娘开任何玩笑。众人大约闹到后半夜才散去。

这一夜，徐志摩没有进洞房，而是躲到奶奶的屋里睡了一夜。以后，由于大人的督促，徐志摩才在佣人的簇拥下，进了新房。他们没有说话。从此，沉默就没有离开过他们。

徐志摩结婚后，依父亲的意思，他应该参与管理徐家的一些工厂、作坊，可是徐志摩对这些毫无兴趣，他整天捧着书，心里觉得空荡荡的。有时，他会对张幼仪说些在杭州一中和北平大学读预科时的事，那种兴奋、那种愉快、那种留恋，使张幼仪很是感动。她问徐志摩："既然那么好，为什么你现在不再去读书呢？"一句话，问得徐志摩一时语塞，说不出话来。

张幼仪看看徐志摩，温柔地说："你不用着急，我来替你想办法。"张幼仪是个聪明人，她想到了二哥张君劢。让二哥介绍徐志摩进学校读书，公公大概不会反对吧！

张君劢很快就帮徐志摩联系了上海的浸信会学校。浸信会是基督教新教宗派之一，浸信会学校是美国人在上海办的教会学校。徐申如对于张君劢介绍的这个学校，非常满意。首先上海离硖石比较近，坐火车一个小时就能够到达，儿子在星期天便可以回来，与新婚妻子团聚，他也能经常看到儿子。可是后来徐志摩读了一年不到即北上，考入天津的北洋大学法科。

徐志摩北上求学后，张幼仪在空空的屋子里，心里也是空空的。她不能出门，不能上学，每天在院子里缝缝补补，虔诚等待着好几个月回家一次的丈夫，然后又是沉默。也许自从丈夫揭开她喜帕的那一眼起，沉默就成了他们婚姻唯一的词汇。

乡下的土包子

张幼仪出身显贵，却善良温婉，从不耍大小姐脾气，她平和的性情很快就征服了徐家上上下下。她操持家务，孝顺公婆，对徐志摩更是体贴入微、呵护备至。每逢丈夫深夜用功，她为他泡一杯茶，披一袭衣；一旦丈夫彷徨犹豫，她给他信任的目光和鼓励的话语。十六岁的张幼仪已经相当成熟，她明理而识大体。

平心而论，在徐志摩短短的一生中，在他波涛汹涌的情感世界里，不是林徽因，不是陆小曼，而是张幼仪，让他更多地品尝、享受到了爱情的朴实和家庭的安逸。张幼仪像一位启蒙者，姗姗而来。她以极富母性魅力的气质、雍容典雅的风度率先打开了徐志摩爱情的闸门，她是徐志摩最平凡的神祇、最温馨的港湾。

新婚的絮语还缠绵在耳畔，大红的“囍”字还燃烧在眼前，善解人意的张幼仪并没有“沉醉不知归路”，也无意用婚姻的“捆仙绳”绑住徐志摩。像世间所有的女子一样，她何尝不想把丈夫永远留在自己身边，以期耳鬓厮磨、朝朝暮暮？但她了解自己的丈夫。她知道，丈夫不是笼中的鸟，他天生是一只鹰，注定要从遥远的天际，俯视芸芸众生。他天生有游牧的血液，必须猎食生命中的未知。于是在她的支持下，徐志摩得以继续中断的学业，开始了近三年的辗转求学生涯。

只是从小接受传统教育的张幼仪，不能理解丈夫的冷漠，可她也只能无言沉默。徐志摩从未对张幼仪表现出一个丈夫应有的关爱，他与她在一起时毫不掩饰自己的不耐烦甚至是厌恶，这让幼仪曾经火热的心渐渐冰封。她遵从“三从四德”的教诲，以夫为天，心甘情愿地为他付出。新婚的第二年，他便北上求学，而她退学在家，操持家务，侍奉公婆，安安分分，努力尽到一个儿媳应尽的义务。后来他又要去国外读书，因为公婆的绝对要求，阿欢才来到这个世界。之后的两国之遥，思念担心的也只有幼仪一人，他在寄来的信件中，从未提过幼仪只言片语，就连儿子的近况，也只是一笔带过。幼仪在独处深闺的日子里，明白了丈夫对这场包办婚姻的厌恨。她知道他追求新思想，她或许只是被他所厌恶的封建礼教而牵连。可她除了对他再好一点、更好一点，她还有什么办法呢？

徐志摩是一个独生子，父母宝贝得不得了，含在嘴里怕化了，捧在手上怕摔了。父母觉得这孩子什么都好，可就是不听大人的话，时常随着自己的性子来，心想最好讨个媳妇来管教自己的儿子。就在这时，他们接到张幼仪四哥的来信，于是派人去打听张家的情况。当得知张幼仪在家将她的姐姐管得很严时，徐父特别高兴，再加上看到张幼仪的几个哥哥都非常有发展前途，就一口答应了这桩婚事。

设想如果张幼仪当时嫁给普通家庭的普通男人，也许她会是个幸福的妻子、母亲、媳妇，相夫教子，侍奉公婆，做个人人称赞的贤妻良母，与丈夫白头偕老。可是上天把她嫁给了一个浪漫的诗人——徐志摩。

梁实秋后来说徐志摩其人："我数十年来奔走四方，遇见的人也不算少，但是还没有一个人比徐志摩更讨人喜欢。讨人喜欢不是一件容易事儿，须要出之自然，不是勉强造作出来的，必其人本身充实，有丰富的情感，有活泼的头脑，有敏锐的机智，有广泛的兴趣，有洋溢的生气，然后才能容光焕发，脚步轻盈，然后才能引起别人的一团高兴。"很显然，土气和严肃，使得为人做事四平八稳的张幼仪注定讨不到"脚步轻盈"丈夫的欢心。

丈夫来信要求幼仪陪读，当幼仪终于从丈夫的信里看到自己，而且他还要把自己接到伦敦时，她想她那时的心情是欣喜的，她重新购置了衣服，希望自己不再被他看作土包子。后来她回忆说：“轮船上的我啊，激动又不安，害怕这是我和公婆的一厢情愿。”在马赛港的港口，从密集的人群中幼仪几乎是一眼就看到了丈夫。“是啊，怎么会不容易看到呢，他是人群中唯一一个显得极为不耐烦的人。”之后他带她去了巴黎百货商场，箱子里的那些衣服已没有了任何意义。

这万千人群中的一眼，丈夫那张写满了反感和厌恶的脸，让幼仪的心又一次坠入了万丈深渊。

1920年，张幼仪去欧洲与徐志摩团聚，他们曾去巴黎的百货商场购物。徐志摩帮张幼仪挑了一些外国时尚的衣服，有洋裙、丝袜、皮鞋还有帽子。相比之下，她从家里带来的服装“全都不对劲了”。衣食住行，“衣”字打头阵，张幼仪在装扮上的落伍，使得“洋气”的徐志摩颇不能接受。徐志摩根本没有征求她的意见，她机械地换了几身衣服，一直试到丈夫点头。她和徐志摩唯一的一张合照上，她戴着大大的圆顶宽边遮阳帽，自有一种诚恳老实式的端庄，说土气有点过，她顶多只能算老气，但这大抵也是生活环境影响所致，如果有机会，在时尚之都熏染几年，我想她也会变得时髦。可徐志摩等不到她蜕变。

张幼仪家底殷实，离婚后，她奋发图强，在银行里做到副总裁的位置，事业上已经算是很成功。此外，她还开服装公司，出任总经理，涉足时尚业，最大的目的当然是为了赚钱发展事业，但其内心深处，恐怕是憋着一股劲儿，当年的小脚西服事件对她的影响延续良久。这里面大概是有一种可爱的倔强："说我土，我偏要引领时尚潮流。"

张幼仪离婚了，就成了一个独立的女人，按道理，她可以自由恋爱，可以结婚，可是她没有。在她的心里，还有潜在的传统观念在束缚她。在那个年代，张幼仪是被丈夫休掉了，人们只看表面的现象，才不会来管你其中的道理。再加上哥哥给她的压力，要求她五年之内不能与别的男人在一起，只为了挽留住张家的名誉。因为他们都是生活在现实的社会中，人们都看着徐家和张家的波动。

多年之后，张幼仪终于领悟，或许徐志摩对她的第一印象就注定了她永远是他心中的那个"乡下土包子"罢了。这是靠努力改变不了的宿命。

第二辑

酷寒·挣扎飘摇中的围城

第五章

沉默中的婚姻

同床异梦

“爱情进化论”认为：空气、土壤、水分和爱情是人类生存的基本元素，人只有在爱情中才能感觉到自己是活着的。爱情是人类向动物隐瞒的一场高级秘密，我们来世上的一个很重要的目的，就是探寻爱的秘密。可惜张幼仪与徐志摩没有成为波伏娃与萨特。他们也没有像江冬秀与胡适那样，在包办婚姻中培养出爱情。徐志摩在见到张幼仪照片第一眼时，本能的一句“乡下土包子”，也许就注定了两人是无性无爱的婚姻。婚后徐志摩从没有正眼看过张幼仪一眼，除了履行最基本的婚姻义务之外，对她不理不睬。就连履行婚姻义务这种事，他也只是遵从父母抱孙子的愿望罢了。

张幼仪是徐志摩的原配夫人，张家与徐家同是大户人家，按照旧时的说法应该是门当户对，按照今天的说法，那就是“高富帅”娶了“白富美”，她的兄弟有一大半都是民国史上赫赫有名的人物。对于外貌，张幼仪这样评价自己：“我身材不错，还长着一双大眼睛，也是被人夸大的。”可徐志摩当年就是看不上张幼仪，二人婚后感情并不好，仅有的短暂的婚姻生活，也只能用同床异梦来形容。

徐志摩第一个奋不顾身追求的女子是几年后在康桥邂逅的林徽因。林徽因是著名政治家、做过北洋政府司法部长的林长民的掌上明珠、徐志摩认识林徽因还是通过他的父亲。1920年前后，林长民政坛失意，带着林徽因到了伦敦。徐志摩当时也刚到英国，他先结识了林长民，后来又认识了他的女儿，林徽因当年只有十六岁，还是个中学生。两人在伦敦曾有过一段朦胧的恋情。但是1921年林徽因从英国回国后，便与梁启超的公子梁思成确立了恋爱关系。即便如此，徐志摩对林徽因的爱恋并未降温，他开始对这位清纯的女友紧追不舍，并不时写信给她，但是这最终并未改变林徽因与梁思成结合的现实。有一个小故事或许颇能说明徐志摩当时的执著与尴尬。徐志摩回国后在北平的松坡图书馆任职，馆址有两处，一处在西单附近的石虎胡同七号，一处在北海公园里的快雪堂。梁启超是馆长，在快雪堂办公。这儿是一处幽静古雅的院落，星期天不对外开放，梁思成因关系特殊备有钥匙可自由出入，便约了林徽因来此谈情说爱。徐志摩找林徽因也会找到这里，去的次数多了，自然引起梁思成的反感，后来梁思成便在门上贴一纸条，大书：Lovers want to beleft alone（情人不愿受干扰）。徐志摩见了，只得怏怏而去。

后来梁启超还亲自写信批评徐志摩在婚姻爱情上的荒唐行径，但是徐志摩并未退缩，他回答道“我将于茫茫人海中访我唯一灵魂之伴侣，得之，我幸，不得，我命，如此而已”。

徐志摩认为，他不能娶一个和他没有爱情的女人，这是不道德的。恩格斯在《家庭、私有制和国家的起源》中讲道：“如果说只有以爱情为基础的婚姻才是合乎道德的，那么也只有继续保持爱情的婚姻才会合乎道德，如果感情确实已经消失或者已经被新的热烈的爱情所排挤，那就会使离婚无论对于对方或对于社会都成为幸事。”恩格斯确实觉得，结婚和离婚是“仅仅和当事人有关而无须干涉的私事”，但是他也强调他的其他条件——生产资料转归社会所有，个体家庭不再是社会的劳动部门；子女的抚养和教育成为公共的事业。这两个条件的实质是：家庭的主要职能全部由社会承担，人们可以排除经济问题，不需要独自背负离婚后果，只有这时，爱情才成为决定离不离婚的唯一因素，才会上升到道德层面。显然，直到今天，恩格斯所设定的条件在中国都不具备，更何况是在近百年前的民国。皮之不存，毛将焉附。当下中国，大部分家庭是建立在经济利益互惠共赢基础上的。陆小曼与徐志摩后来的婚姻出现裂痕，不能不说是因为经济基础出现了问题。换言之，只要还有贫富分化、社会分层现象存在，离个婚，就会影响到怎样赡老育幼，进而影响到“社会和谐”。

1920年冬，张幼仪出国与丈夫团聚，过去都认为是徐志摩思念妻子，才写了那封乞求父亲的信。现在推测，这封信多半也是应张君劢之请而写的。分居数年又有了子嗣，当时的情势，没有理由不让张幼仪出国。可是，张幼仪后来知道，那次漂洋过海的陪读，不是徐志摩要她去的，而是婆家送她去的。而公婆送她去的理由，也只是提醒徐志摩对家里的责任。因为若是他真的思妻心切，他不会那样去迎接她。

张幼仪晚年回忆说："三个星期后，轮船终于驶进马赛港的船码头。我斜倚着尾甲板，等着上岸，然后看到徐志摩站在东张西望的人群里。就在这时候，我的心凉了一大截。他穿着一件瘦长的黑色毛大衣，脖子上围着条白丝巾。虽然我从没看过他穿西装的样子，可是我晓得那是他。他的态度我一眼就看得出来，不会搞错，因为他是那堆接船的人中唯一露出不想到那儿的表情的人。"

在由巴黎飞伦敦的飞机上，张幼仪晕机呕吐，徐志摩把头撇过去说："你真是乡下土包子！"话才说完没多久，他也吐了，张幼仪也不甘示弱，轻声脱口说："我看你也是个乡下土包子。"这是一个男人对一个他不爱的女人的过度挑剔，也是一个有骨气的女人对无语丈夫势均力敌的有力回击。

多年以后，当徐志摩与陆小曼的爱情闹得满城风雨的时候，徐志摩又写下了他那特立独行的爱情宣言："我之甘冒世之不韪，但求良心之安顿，人格之独立。"他不在乎纲常伦理，只在乎内心的渴望。徐志摩追求生活与艺术的完美结合，他在1922年的《艺术与人生》中讲道："理想的艺术在精神上应该是人道主义的。他愿意做一个有单纯信仰的理想主义者。"

想要逃跑的丈夫

婚后的徐志摩对经营父亲的生意一概提不起兴趣，每天抱着书在院子里闲逛。他想要逃离，天天想着往外面跑。这比他与张幼仪五年后在伦敦的沙士顿同居的时候表现得更甚。这种逃离是来自身体和灵魂本能的抗拒。没有爱情的婚姻，就像一盘没有炒好的红烧肉，不是肉本身不好，只是他们自己都还没有学会怎么去做好它就已经火急火燎地下了锅，所以只能尽快拿出来再洗洗，争取做一盘合自己胃口的回锅肉了。其实不管是自由恋爱还是包办婚姻，这都只是问题的形式，关键是他们没有找到和平共处的合作方式。

根据那时候的《婚姻法》，徐志摩要想离婚必须符合三个条件：双方主动自愿离婚；有一方有重婚，通奸；或者一方生死不明，满三年以上者。况且当时的离婚条件是男方满三十岁，女方满二十五岁，还要经过双方父母的同意。

要离婚看来是遥遥无期了，徐志摩就想到要外出求学。1916年他从张君劢推荐的上海浸信会学校考入天津北洋大学法学专业。1917年秋，北洋大学并入燕京大学，他又辗转来到了北平。徐志摩是个浪漫的革命青年，求学的初衷确实也是想通过学习最先进的经济和法律知识来实业救国，拯救劳苦大众。1917年，张君劢引荐了自己在日本求学期间有师生情谊的国学大师梁启超，这个徐志摩偶像级的人物收了他做入门弟子，1918年梁启超又推荐他赴美国自费就读于克拉克大学历史系。

刚刚结婚的徐志摩曾经骑着自行车去找表哥叔微诉苦，他的表哥曾经说，徐志摩是一个插上翅膀就能飞的人。1918年，徐志摩的父亲徐申如在孙子阿欢出世后，就应允了儿子出国留学的事情。

那时候，张幼仪实在不晓得徐志摩为什么总是想要逃离，他的世界她进不去也读不懂，就像她从来也不是他世界里的人一样。费尔巴哈曾经说过："爱就是成就一个人。"宗萨仁波切说："我们要积很多功德，才能遇到那个把自己从梦中唤醒的人。"当初，张幼仪听到丈夫对自己讲在杭州府中学堂和北大预科的趣闻轶事，她心痛了，她同情丈夫困在笼中的忧郁，便恳求二哥张君劢帮忙说服公公徐申如允许自己的丈夫外出求学。其实她内心何尝不晓得，丈夫是一只鹰，他不会满足于困在笼中做麻雀的，她这一放飞，怕是与丈夫的距离越来越远了。徐申如对张幼仪二哥张君劢推荐的上海浸信会学校非常满意，更为开心的应该是这事儿居然是新进门的新媳妇帮忙撮合的，如此通情达理，夫唱妇随，这是一个夫妻和睦、家庭幸福的好兆头。然而，天不遂人愿，很快，徐志摩便考上了北洋大学的法律科，之后又是北洋大学合并燕京大学，徐志摩又从天津去了北平，这样就只能一个学期回一次硖石了。在硖石，张幼仪快成了望夫石，刚新婚，还没有好好享受一下做女人的快乐，她就眼睁睁地把自己的丈夫放飞了。但是，她没有后悔，那时候，她相信丈夫飞久了是会回来的，因为她是徐家的女主人。

1917年，徐志摩有了想要去美国留学的想法，但是每次跟父亲徐申如提起，都被他不假思索地拒绝了，大概的意思就是：徐志摩是徐家唯一的儿子。中国从西周时代起，就有了孝道。《孟子·离娄上》曾说过："不孝有三，无后为大。"徐志摩虽然可以在徐家我行我素，但是骨子里他还是一个善良孝顺的儿子，当年他和张幼仪圆房行了夫妻之事，第二年张幼仪有了他们的第一个儿子，乳名叫阿欢。

第六章

放飞的丈夫

插翅能飞的人

儿子阿欢100天的时候，徐志摩从北平回到硖石。他看到活泼可爱的儿子时，心里非常高兴，他当爸爸了！张幼仪与徐志摩结婚几载，可是两人真正待在一起的时间大约只有几个月，他们互相之间并不太了解。但有一点，张幼仪特别清楚，丈夫喜欢爱读书的女人，这与张幼仪的本性也是相符合的。婚后不久，张幼仪曾经写信给苏州第二女子师范学校，希望能进校读完中断的学业。校方认为张幼仪必须重新读一年，也就是说，张幼仪得读两年才能毕业。两年，对张幼仪来说，实在是太长了，因为一个新媳妇离开公婆这么长时间，于情于理上讲不过去，于是她放弃了。

1918年8月14日，徐志摩和刘叔和、董任坚等人，乘南京号轮船离开上海赴美国自费在克拉克大学历史系学习。1919年6月，徐志摩因为成绩优秀，毕业时被授予一等荣誉奖。9月，他考入久负盛名的哥伦比亚大学经济系。1920年9月24日，徐志摩打点行李到英国去。徐志摩的英国之行，改变了张幼仪一生的命运，因为徐志摩爱上了林徽因。

徐志摩与林徽因的恋情，在留学生中传得沸沸扬扬，身在欧洲的张君劢如何会听不到一点风声呢？那时，张君劢在德国得知徐志摩的一些情况后，马上与徐志摩取得联系。张君劢劝说徐志摩把张幼仪接出来，对他晓之以理，动之以情。于是，徐志摩在1920年11月26日给父亲和母亲写了封信，徐家终于开口让张幼仪出国了。

在老家硖石，张幼仪“放飞”丈夫后，在帮助公婆料理家务之余，学习功课、诗文乃至琴棋书画、针黹女工。但她很快发觉：自己的特长不在诗文书画上，而在经营管理方面。她协助公公徐申如打点生意，因为有手腕，有魄力，办事精明干练，有条不紊，让一度犯愁儿子缺少商业头脑而徐家产业后继无人的徐申如如获至宝，心花怒放。徐申如对这个儿媳妇自然是百分之二百的满意。他乐得让张幼仪独掌全家的“财政大权”。

都说，女人的心是水做的，男人是泥做的。男人是女人的容器，女人就应该迎合男人，柔情似水，以柔克刚。我经常在深夜像个精灵一样穿越到张幼仪的内心世界里去，其实我最怕的就是她的敏感，如果她不这样敏感，也许她不会这么疼，丈夫的一个遥远的表情，触痛的是她肉长的心。她并没有错，但是她还要祈求他的原谅，这是我见过最卑微的爱情。每个人的一生中，都会有寒冷的冬天，1921年，张幼仪人生中最寒冷的冬天来了。

张幼仪初到欧洲后，和徐志摩在伦敦住了一段时间。徐志摩因追求爱情而荒废了学业，兴趣转移，在英国朋友狄更生的帮助下，从伦敦大学转到剑桥大学，夫妻二人因此搬到离大学六英里的小镇沙士顿。张幼仪本以为自己出国后可以重拾因结婚生子而中断的学业，却没想到变成一个十足的家庭主妇，买东西、洗衣服、打扫房间、准备一日三餐。挥霍无度的徐志摩，只从徐申如寄来的支票中拿出很少一部分交给她维持家用。

也许，那是那个时代的错，后来很多次我想过关于张幼仪的N种可能性。如果她当年没有嫁给徐志摩，只是嫁给了一个普普通通的大户人家，依她的性情肯定不会成为蒋碧微那样的原配，凭她的家世和她的智慧，她也一定不会受到徐太太这般的委屈，这是一种自己怎样努力都无法改变的宿命。她沉默隐忍，但是不激烈乖顺，最终她还是说服了自己的丈夫，在拮据的经济条件下，请了家庭老师，教授自己英文。这样，她就可以不用永远关在屋子里，也可以像丈夫表哥说的那样，做一个插上翅膀就能飞的人。

人可以跌倒一次，但是不能永远爬行。张幼仪的身上，我们看到的永远是一种细水长流的坚韧。莫泊桑曾经说过："生活不可能永远像你想象的那么好，但是也不会像你想象的那么糟。人的脆弱和坚强都超乎自己的想象，有时候，可能脆弱的一句话就让人泪流满面，也有时候发现自己默默一个人咬牙就走了很远很远的路。"张幼仪像一个一直在咬着牙默默叩行的苦行僧，她看到丈夫的心不在焉，她什么也不能说，她不能告诉公婆，更不能告诉家人，因为这都不能解决任何问题。好在她是清醒的，虽然她很温和。她意识到，自己不能坐等在囚笼中，要提升自己，让自己完美起来，像那些跟丈夫可以侃侃而谈新文化的新女性一样。

繁重的家务使得张幼仪没有那么多时间学习，她就在厨房里写上了便利贴，将每天英语老师新教授的英文单词，贴在厨房、客厅、卧室可以看到的每一个角落。

自由的“云中鹤”

后来，徐志摩的远房表弟、著名的武侠小说家金庸曾在其著名的小说《天龙八部》中，用徐志摩曾经用过的笔名“云中鹤”作为一个淫魔的名字，这多少有一些讽刺他用情不专的意思。也许徐志摩是情至深处，作为一个诗人，他的爱情是提纯的。但是真的又如张幼仪晚年所讲：“如果丈夫是在告诉她他想成为中国第一个想要离婚的男人之后便斩钉截铁地离了婚，而不是在藕断丝连中得陇望蜀，有了心仪的女主角后再义无反顾地离婚，那我是觉得他是一个纯粹追求浪漫和诗意的人，但是事实并不是这样。”我始终相信，凡事都有因缘。张幼仪一直清醒，她把一切都看得明明白白，只是有她角色的话剧还没有完，她不能退场。

徐志摩的才情毋庸置疑，很多人说他是纨绔子弟，清华的梁实秋是一个很自负的人，但是他对徐志摩的评价却很中肯，他说一个能在学问上走得很快又很远，做人上脚步轻盈又能讨很多人欢喜的人，他绝对不可能是一个只知道吃喝玩乐、玩弄感情、不务正业、玩世不恭的富家大少爷。徐志摩曾在父亲面前说过，他不会娶两个老婆，因为这句话，曾经最疼爱他的奶奶和母亲大人非常尴尬，因为奶奶和母亲都不是原配。但是，这也足够说明徐志摩是一个正如他自己所说的“我将于茫茫人海访寻我唯一灵魂之伴侣，得之，我幸，不得，我命”那般执着于纯粹爱情的人。

他的一生写了很多诗歌，最负盛名的都与剑桥有关。但是后来林徽因最喜欢的却是《偶然》：“我是天空里的一片云，偶尔投影在你的波心，你不必惊异，也无须欢喜，在瞬间消灭了踪影。你我相逢在黑夜的海上，你有你的，我有我的，方向；你记得也好，最好你忘掉，在这交会时互放的光亮。”徐志摩在二十四岁之前是不写诗的，他写的顶多算是散文，诗人求学的最初梦想是学习一些实用的经济学实业救国，后来转学法学也是征求了父亲徐申如的同意的。在旧社会，人们还是有“学而优则仕”的传统思想的，就算是开明的梁启超也认为，学些法学、经济总比那些建筑工匠要体面有出息得多。但是在北大的日子，徐志摩在梁启超、胡适这些文学大腕儿身边耳濡目染开拓了眼界。他认为，要改变四分五裂的旧中国，还需要走出国门，学习国外先进的经济政治制度。在美国，他不到一年的时间就拿到了克拉克大学历史系学士学位，并考入纽约哥伦比亚大学经济系，又用了不到一年时间修完了哥大硕士学位，因为崇拜英国哲学家罗素，弃唾手可得的哥大博士学位，而去了英国剑桥。

丈夫在国外求学的这些见闻变化每次都会给家中父亲徐申如去信，或是致电，虽然没有直接跟张幼仪讲，但是丈夫的这些国外见闻，也成了她憧憬未来的一片窗。本以为两年后，她去英国陪读可以和丈夫共进退，以为自己终于可以海绵吸水一样泡在知识的海洋中，谁知道，她反而成了一个只知道洗衣做饭的老妈子。最关键的还有，她知道了丈夫连同床异梦、貌合神离都不愿意，他只是沉默。她饭菜做得很好吃，他没表情，她有时候故意把饭菜做得很糟糕，他还是保持沉默，她不知道要怎样跟丈夫沟通。她怕她一开口，他就是那句："你知道什么？你懂什么？你能说什么？"正在她苦恼的时候，一个叫郭虞裳的中国人莫名其妙地住进了他们这个本来就狭小窒息的沙士顿小家。也许，徐志摩是觉得他和张幼仪每天大眼瞪小眼实在尴尬，来个电灯泡也许更和谐。也许，郭虞裳是觉得来这个好客热情的中国同胞家中比自己在剑桥皇家学院的特别生公寓吃快餐强，但是所有人都没有征求这个女人的同意。不知道这是多少次，张幼仪开始在内心察觉到自己来自灵魂深处的尊严的受辱，这一切仅仅是因为她是一个女人。在旧时代，女人是需要认命的，她的男人疼她，她就是有福气的，他的男人厌恶她，她就下了十八层地狱。那个年代，女人是以夫为天的。

后来很多人说，徐志摩的死，是一种解脱，因为他已经在理想爱情与残酷现实之间进入进退两难的维谷。在他视为超乎生命的爱情上，他已经身心俱疲，没有希望，没有出路。他一直渴望有雪莱、拜伦那样短促却诗名显扬的人生，以及那样不同凡俗的死。更何况，徐志摩是那么迷恋于“飞”和“云游”，还取了一个“云中鹤”的笔名。对于徐志摩之死，后来人们说，那是他刹那间如愿以偿，“羽化登仙”。但他的儿子徐积楷却另有所见。他以一句话概括徐志摩的人生：“我觉得，我父亲命太苦！”儿子言中的“命太苦”，大概不是指徐志摩由英国带回的政治理想破灭的苦闷，以及创作中至善尽美、苦心追求的艰辛，而是别有所指的。徐积锴在美国跟父亲的老友胡适、梁实秋等人，以及顾维钧、孔祥熙后人均有来往。他目睹父亲诸好友多享尽天年，备尝天伦之乐，个人感情生活也不像父亲那样历经磨难，以致酿成惨剧，感慨万千。徐积锴说，他父亲几个老朋友都有女人缘，都有女朋友。他跟胡适一起吃饭，还见胡适带了美国女友来。徐积锴慨叹道：“父亲如果不死，活到八九十岁，相信还会有女人要他的，很多女人倾慕父亲的文采。”能这样善待体味亡父个人的感情世界，在人子之中，虽算罕见，但也不是无道理的。

元好问的《摸鱼儿》中讲：“问世间情为何物，直教人生死相许。天南地北双飞客，老翼几回寒暑？欢乐聚，离别苦，就中更有痴儿女。君应有语，渺万里层云，千山暮雪，只影向谁去？”爱情真是美，三毛曾说：“人生其实不在长短，而在于到底有没有真正痛快地活过。”三毛活了四十八岁，徐志摩活了三十四岁，也许真正享受过爱情精灵的人都不能享受生命的平和。徐志摩的三个女人，林徽因活了五十一岁，陆小曼活了六十二岁，而张幼仪却活到了八十八岁耄耋之年才在美国纽约平静地告别人间。她是欣慰的，因为只有她晚年子孙满堂，尽享天伦之乐。从这个角度上看，也许没有谁是上帝唯一的宠儿，因为上帝从不偏爱任何一个他的孩子。

1923年梁启超曾经给痴心不改的徐志摩写了一封言辞恳切的信：“其一，万不容以他人之痛苦，易自己之快乐。弟之此举，其与弟将来之快乐能地与否，殆茫如捕风，然先已予多数人以无量之苦痛。其二，恋爱神圣为今之少年所乐道。……兹事亦可遇而不可求。……况多情多感之人，其幻想起落鹘突，而得满足得宁贴也极难，所想之神圣境界恐终不可得，徒以烦恼终生而已耳。呜呼志摩！天下岂有圆满之宇宙？……吾侪当以不求圆满为生活态度，斯可以领略生活之妙味矣。……若沉迷于不可必得之梦境，挫折数次，生意尽矣，忧悒佗傺以死，死为无名，死犹可矣，最可畏者，不死不生而堕落而不能自拔，呜呼志摩，无可惧耶！无可惧耶！”

徐志摩的回信也势均力敌：“我之甘冒世之不韪，竭全力以斗者，非特求免凶惨之苦痛，实求良心之安顿，求人格之确立，求灵魂之救度耳。人谁不求庸德？人谁不安现成？人谁不畏艰险？然且有突围而出者，夫岂得已而然哉？……我将于茫茫人海中访我唯一灵魂之伴侣；得之，我幸；不得，我命，如此而已。嗟夫吾师：我尝奋我灵魂之精髓，以凝成一理想之明珠，涵之以热满之心血，朗照我深奥之灵府。而庸俗忌之嫉之，辄欲麻木其灵魂，捣碎其理想，杀灭其希望，污毁其纯洁！我之不流入堕落，流入庸懦，流入卑污，其几亦微矣！”

正如那句不变的爱情定律：忘记一个人最好的办法就是爱上另一个人。三年后，徐志摩爱上了号称“北平城一道不可不看风景”的名媛陆小曼。梁启超证婚词可谓举世罕见：“我来是为了讲几句不中听的话，好让社会上知道这样的恶例不足取法。志摩、小曼皆为过来人，希望勿再作过来人。徐志摩！你这个人性情浮躁，所以在学问方面没有成就，你这个人用情不专，以致离婚再娶……陆小曼！你要认真做人，你要尽妇道之职。你今后不可以妨害徐志摩事业……你们两人都是过来人，离婚又重新结婚，都是用情不专。以后要痛自悔悟，重新做人！总之，我希望这是你们两个人这辈子最后一次结婚。这就是我对你们的祝贺，我说完了。”

这份中外古今前无古人后无来者的婚礼致辞，令新人及满堂宾客无一不失色。梁启超的担忧，在短短婚后两年，得到了印证，徐志摩的理想爱情遇到了现实残酷的滑铁卢。他疲于奔命陆小曼一个月五六百元大洋的开支。郁达夫和王映霞夫妇看过他们在上海的住处，王映霞曾感慨：“他们家上上下下十四五个佣人，还有私家汽车，光租房子的费用就一百大洋，是我们小半个月的开销。”徐志摩在光华、中央大学等多所大学教书，还有报纸诗刊的稿费，徐父一直还有二三百元的支援，但就是这样每月五六百元的收入对陆小曼来说都是入不敷出的。

小仲马说：“痛苦是人生的标志。”人生哪里有圆满？西藏情郎仓央嘉措也说，因为遗憾，所以才能体味幸福。爱情再美，也不是生命的全部，爱情这朵有毒的铅玫瑰，没有必要反复地用珍贵的生命之唇反复亲吻。张幼仪正是看到了生命的真谛，她知道，圆满的人生，绝对不只是爱情。徐志摩小的时候非常聪明可爱。有关他为什么改名叫徐志摩曾有个小故事。因为他小时候特别可爱，长着一个大脑袋，留着一个“猪尾巴”，所以他的父亲就请了一个名叫志慧的和尚看相，和尚说他将来必成大器。所以，1918年他出国时改名“徐志摩”——志慧和尚摸过的。与一鸣惊人的丈夫不同，张幼仪的出场平凡朴素，但是因为选择了脚踏实地，所以她扎扎实实地逆袭了自己的命运。

第七章

初为人母

止水澄波·阿欢

1918年4月的一天，徐积锴（乳名阿欢）出生了。徐家二老笑逐颜开，张幼仪初为人母，心中的甜蜜和幸福更是不言而喻。徐志摩完成传宗接代的义务，同年7月他从北平回家，第一次从妻子手中接过自己的亲骨肉，狂喜、激动、震撼、充实、自豪湮没了他，那一刻，他心神动容过，因为他是那样一个充满性情的人：得妻如此，夫复何求！然而，这感动怕是只持续了短短的几秒钟，转瞬间，他又回到了婚姻的牢笼，他要出逃，他这次回来，不是为了团聚，而是为了道别。在梁启超、蒋万里的引荐下，一个月后徐志摩登上了赴美留学的客轮。

乍聚乍散，一个月的时间对张幼仪来说是何其短暂而又何其珍贵啊！结婚三载，他们在一起的时日不足半年。岸上，张幼仪紧紧抱着刚过百天的阿欢，望着渐行渐远的徐志摩和无边无际的太平洋，听着感伤的汽笛和呜咽的涛声，想着丈夫此去不知何时再见。

一个少妇没有丈夫的怜爱的滋润，她的生命就像没有绽放过的花蕾，无爱的日子就像打坐修道，哪里还有什么真正的快乐可言？儿子取名阿欢，想必公婆和丈夫是想要他快乐的。煎熬成了张幼仪初为人母两年间的主旋律，再见，已经是两年半后了。

南怀瑾曾在《庄子南华》中曾讲：打坐修道达到此心定下来，不一定盘腿，而是心像止水一样不流动了。什么叫作定？什么叫作“定”的境界？古人形容只有四个字：“止水澄波。”杂念都没有了。喜怒哀乐的水不流了，但又不是死的，而是活的，就像一面镜子一样，照亮了喜怒哀乐，但是它止水澄波，并不流动。

张幼仪有一张十八岁那年抱着儿子阿欢的照片，本来处于花样年华的年纪，但是她头发后面挽着发髻，穿着黑色的长袍，胆怯地佝偻着后背，像个中年妇女，老气横秋，老态尽显。爱是滋养女人的精华，张幼仪没有体味过女人应有的被爱的快乐。爱，使人经受考验，也使人完整；使人受难，也使人纯净。当丈夫远渡重洋，她一个人被遗落在硖石的徐家深宅中的时候，她有没有像阮玲玉那样抬头无语问一下青天：这就应该是她的一生了吗？自己笃定不移，丈夫会回心转意吗？她原本只是想过一种平凡但珍贵的日子，但是这样小小的愿望，老天却也不满足她。她又何尝不晓得，爱是相互的，更是相互滋养的过程。只有相互滋养的爱，才能长久。任何只是单方面付出的关系，最后都会像烟花一样陨落。但是，她聪明能干，她为他生儿育女、伺候公婆，他多少也会感恩于她吧。一日夫妻百日恩，她的地位是不可动摇的，就算他将来会变心，娶了别的姨太太。张幼仪一直这样痴痴地想。林语堂曾在《吾国吾民》中说过："一个人彻悟的程度，恰等于他所受痛苦的程度。"张幼仪后来能够在身怀六甲被丈夫无情抛弃在异国他乡时，没有被生活打倒，咬牙坚持了下来，也许就在于她早已经习惯了丈夫的离开，因为从他们结婚，丈夫就一直在逃离，像个每天就想着怎么越狱的囚犯，绞尽脑汁地想要远走高飞。张幼仪在每次丈夫离开后，都不知道他什么时候回来，心就像被钢锯拉了一次又一次，也许早就麻木了。

民国这种父母包办的婚姻不少，像张幼仪一样得不到丈夫欢喜的少妇也不止一个，但她终归是个好强的姑娘。她相信，爱可以融化掉一切痛苦和苦难；她相信，自己只要隐忍，终究会赢得丈夫的感动。人生不过短短几十年，不要让感情败在了现实面前。能牵手的时候，不肩并肩；能拥抱的时候，不手牵手；能在一起的时候，就不离不弃。从进了徐家门，她就是徐家的媳妇，她只要不犯“七出”，遵从“三从四德”，孝顺公婆，她就是徐家的女主人。那时候，张幼仪的安全感来自于对公婆的小心翼翼的被认可，来自于她对徐家儿媳妇这个身份的刻板拿捏，她害怕得罪人，害怕失去这，害怕失去那。她没有安全感，因为丈夫不爱她，她从婚礼上他揭开喜帕的时候就知道了这个让她失望的事实。她小心翼翼，她用四平八稳、勤快能干赢得了徐家上上下下的认可，可是到头来她还是一样没有安全感。后来，她被徐志摩抛弃后到了德国，真正的异国他乡、孤立无援才让她明白，其实世事无常，丈夫的爱不是天，女人的安全感从来都无法外求，只能依靠自己站起来，如此才能谁都不需要迎合。做好自己，当人生意外仓促来访，才不会空欢喜一场。六年后，张幼仪学成归国。她完成了在国外六年的炼狱生活，回国后，她华丽转身。很难想象，一个女人，以单亲母亲的身份为生活奔波，还要顶着各种社会舆论压力，却大有一番作为，这需要承受多大的委屈。那时候，影后阮玲玉在死之前曾留下四个大字：人言可畏。但是张幼仪没有被社会上的流言打倒，反而和后来前夫的妻子成了好闺蜜，并且依然侍奉自己的公婆。在她眼里，徐家已经不是归宿了，但公婆还是公婆，他们还是自己儿子的爷爷和奶奶，所以她就还要对他们尽孝道。

在德国独立行走的日子，她明白了一个道理：只有自己把自己照顾好了，她才有能力帮助所有人。她不是这个世界困难之源的时候，她才能够成为喜悦和清新的水库，源源不断，永不止息。后来，徐家的产业也由她打理，徐志摩每次生活拮据时，她都是他的“摇钱树”。陆小曼炒股票欠了一千三百多块钱，她拿自己的钱补货；徐志摩的衣服破了，她去服装店给他做新衣服。生命极为无常，张幼仪尝试着让它燃烧出火焰，照亮自己，照亮别人。她坚信：相逢的意义，不单单在于维持多久，更在于彼此照亮。所以，多年后，她在美国纽约，耄耋之年，颤颤巍巍地说道：“我应该感谢徐志摩，感谢离婚，若不是他和我离婚，我就不能找到我自己，是离婚让我成为另外一个女人。”离婚协议书的三个字，让她第一次知道，张幼仪只代表她自己。

生活本来是现成的，每个人注定要依据自己手中所握的资料来实现自己的生活，根据自己的根性因缘，走自己的人生之路。每一个人都是唯一的、独特的、值得肯定的。但是，大部分人都不愿意像张幼仪一样接纳自己，与自己、与环境、与时代、与过往、与未来握手言和，实现珍贵的自己，反而把自己活成了别人的样子。“生活太累，一半是因为生存，一半是因为攀比。”张幼仪也曾经灰心丧气，她曾经想到轻生，丈夫的绝情让她对自己的存在产生了质疑：自己果真是这么不堪吗？然而，上帝终究偏爱善良的孩子。她想到了“身体发肤，受之父母”，所以不能让白发人送黑发人，让父母伤心，她选择了重生。就算是起点比不上那些个丈夫心仪的女子，可自己的人生也未必不能出彩呀？再说抄袭别人的生活和人生，又有什么意思呢？

努力不一定成功，但是放弃注定会失败。张幼仪选择了坚韧。很多年后，她六十七岁，已经到了花甲之年，她和第二任丈夫苏季子重游故地，不禁感慨：难以想象自己曾经这么年轻、这样执着、这样勇敢过。一个人连自己都被自己感动的时候，生命沉甸甸的，这才是应该了无遗憾的人生吧。

羽化登仙·人子

张幼仪和丈夫其实有两个儿子：大儿子叫徐积锴（小名阿欢），次子叫徐德生（小名彼得，三岁就夭折了）。徐积锴生于1918年，现有一子三女，居住在美国纽约华人较多的皇后区。由于政治原因和个人的禀性，长期以来，徐积锴对其父亲之事，不愿张扬，也很少公开露面，以致蒙上了一层神秘的面纱。多年前，美国华文报纸《世界周刊》记者张惠媛，几经周折，打听到徐积锴住在纽约的皇后区。经再三约请，徐积锴实在推辞不过，才允一访并自己驾车前往约定的饭店晤谈。徐积锴十三岁时，徐志摩坠机身亡，他由母亲抚养成人。由于是徐家单丁独传，全家上下对他都寄予厚望。徐积锴出世百日，家人在他面前摆了裁缝用的量身尺、小算盘、铜钱和一把笔，让他“抓阄”。阿欢看了片刻，眼睛先瞅着算盘，继而扫到尺子，最后盯上一样东西，伸手便抓起——那正是徐志摩用过的毛笔。徐志摩父亲徐申如喜出望外，把孙子高高举起，连连道：“又是一个读书人！我们家孙子将来要用铁笔！”这“铁笔”是指官府重要文告上常用语“铁笔不改”。徐老太爷希望孙子从政入仕（积锴之名亦与此有关），哪里料到，徐积锴后来的生活道路，却与祖父希望大相径庭。徐志摩死后不久，他中学毕业，为便谋生，遂入交通大学念土木工程。1947年徐积锴赴美，在哥伦比亚大学和纽约科技大学攻读经济和土木工程，先为土木工程师，后从商，跟笔墨生涯始终无缘。对于徐志摩，徐积锴只有零星模糊的记忆，更多是从书上得来的。他说：“我对父亲印象说不上来”，“根据书上写的，他很热情，对朋友很真心，喜欢派对”。他出生时徐志摩在外读书，接触不多。后来父母都去国外留学，他由祖父母照顾，13岁时徐志摩就坠机身亡。但造化赐给世人的骨肉之情，使他对父亲产生了一种天生的同情与理解。许多人认为，徐志摩的死，无异于是种“解脱”，是刹那间如愿以偿，“羽化登仙”。但徐积楷却另有所见。他以一句话概括徐志摩的人生：“我觉得，我父亲命太苦！”

1925年3月，在次子彼得刚过完三周岁生日不到一个月，张幼仪在德国公寓还没有收拾完小儿子的遗物，徐志摩为躲避王庚和陆小曼的离婚风波而到了欧洲，张幼仪对着唯一一张彼得的照片，对丈夫说：儿子喜欢音乐，每天他只有听着音乐才能够睡着。他也认得徐志摩的照片，她没有教过的，但他就是认得。这不免让人心生疼痛，一个母亲是这样的痴，儿子在母亲的眼中是那么宝贝，他的所有细节和成长，她都记得，像丈夫的所有她也忘不掉一样。真爱的行为，应该是一种抚育自身和他人情感与精神成长的行动。它的唯一性在于，主角在关系中给予了一些其他人无法代替的珍贵品质。徐志摩带给了张幼仪独立和慈悲。多年以后，徐志摩与陆小曼的浪漫爱情在婚姻围城中捉襟见肘，他才发现只有自己的原配夫人张幼仪一直站在原地不离不弃，最终可以陪自己聊聊生活琐碎的，原来还是那个曾经被自己鄙夷为“乡下土包子”的女人。3月26日，徐志摩给陆小曼的回信与几天前已经大相径庭：“（张幼仪）独立的步子已经站得稳，思想确有通道，她现在真是‘什么都不怕’，将来准备丢几个炸弹，惊惊中国胆鼠的社会，你们看着吧。”

徐志摩活在自己理想的爱情王国里，他跟陆小曼热恋时写的《雪花的快乐》：“假如我是一朵雪花，翩翩地在半空里潇洒，我一定认清我的方向，飞扬，飞扬，飞扬，这地面上有我的方向。不去那冷寞的幽谷，不去那凄凉的山麓，也不上荒街去惆怅，飞扬，飞扬，飞扬，你看，我有我的方向！在半空里娟娟的飞舞，认明了那清幽的住处，等着她来花园里探望，飞扬，飞扬，飞扬，啊，她身上有朱砂梅的清香！那时我凭藉我的身轻，盈盈的，沾住了她的衣襟，贴近她柔波似的心胸，消溶，消溶，消溶，溶入了她柔波似的心胸！”诗人徐志摩在他赠给陆小曼的新婚礼物《猛虎集》序文中写道：“诗人也是一种痴鸟，他把他的柔软的心窝紧抵着蔷薇的花刺，口里不住地唱着星月的光辉与人类的希望，非到他的心血滴出来把白花染成大红他不住口。他的痛苦与快乐是深沉的一片。”

胡适之在《追忆志摩》中指出：“他的人生观真是一种单纯的信仰，这里面只有三个大字：一个是爱，一个是自由，一个是美。……他的一生的历史，只是他追求这个单纯信仰实现的历史。”

知父莫若子，虽然徐积锴并没有与自己的亲生父亲有太多的生活和回忆，但是他懂他的父亲，爱到深处是沉默，所以他多年来一直深居简出，不愿意公开露面也就不足为奇了。《圆觉经略说》讲，心就是佛，平常心就是道。一切众生之所以不明白，是因为不肯用平常心。很多名人成名后，沉默寡言，或者深居简出。日本的村上春树的作品都已经在中国家喻户晓了，但是很多人居然不知道他的长相，因为他几乎从不接受记者采访。王朔曾经引领了中国一代文坛，很多人采访他，问他写北平边缘人的写作动机是什么？他直言不讳：当然是为了名和利了。但是他却在《致女儿书》中说：“希望女儿做个平凡的人。”还有一代艺术大师张艺谋，也不希望自己的后代再做个“成功人士”，因为他们这代人为了所谓的成功，舍弃了太多太多。

也许真的是人生境界分三层：桥上、楼上和云上。当成为名人或者名人的后代之后，真正站在云端上，高处不胜寒的“缺氧反应”，已经让人体味到了作为平凡人的朴素和美好。抑或又如大师所言：“真正的平凡才才是真正的伟大。”只有肯平常的人，才注定了真正了不起呢？我想这个命题就像“色即是空”一样，不是说万物落于空洞，因此不值得做，而是它们包含着各种可能性，不轻易宣说。他们是自如的、稳定的，就如徐积锴如今熟悉而又陌生地讲述他的父亲一样。

第八章

丈夫的来信

受宠若惊·切盼

徐志摩每次来信都对张幼仪只字不提，两年后却一反常态地邀请她去英国陪读。原来他在英国另有所爱，二哥才劝徐志摩让妻子张幼仪去陪读。1920年9月年徐志摩从美国转入英国伦敦，10月攻读博士。好好的纽约哥大博士学位不要，却匆匆忙忙要去英国，身在浙江硖石的徐父也隐约觉得儿子“出岔子”了。迫于这两层压力，1920年11月徐志摩就写了那样一封言辞恳切的求妻陪读信：“父母亲大人，膝下儿自离纽约以来，过二月矣，除与家通电一次外，未尝得一纸消息，即今玢媳出来事，虽蒙大人慨诺，犹不知何时能来，如此信到家，犹未有解决，望大人更以儿意小纳奚诺，儿切盼其来，非徒为儿媳计也。”晚年，张幼仪回忆知晓丈夫要自己去国外陪读一事，是这么说的：“那时候是高兴的。”是呀，她也许太久都没有这么高兴了。但是，这种高兴来得太过于突然，想必她虽受宠若惊，内心也有千万个鼓槌在敲打：丈夫让自己陪读，是真的出自于他的本意吗？还是自己和公婆的一厢情愿？当她在太平洋上漂流了三周，见到了人群中那样一个极不耐烦的表情时，所有的热情一下子降了温，她都明白了。一路上，她的忐忑有了最清晰的答案。

1921年春夏之交，也许是康河的神奇，也许是丘比特的恶作剧，二十四岁的徐志摩疯狂地爱上了十七岁的林徽因。这份爱似乎来得太过突兀和不合时宜。给别人，无疑也给徐志摩自己出了道难题。

因为当时的徐志摩已是有妇之夫。一边是追求理想的爱情，一边是承担现实的责任，徐志摩陷入两难的境地。经过一番激烈的心理斗争，他选择了前者，结果成全了一段佳话，却伤害了一个女人。这个女人，就是徐志摩的发妻——刚刚漂洋过海来到他身边并不久就怀了他第二个儿子的张幼仪。

如果说嫁到徐家“独守深闺”的日子望“夫”欲穿的话，那来到英国的日子，简直就是下了地狱。因为在这里，他们生活拮据，每个月都在等硖石的老爷寄来的汇票。没有佣人，只有繁重的家务，这使得从小衣食无忧、锦衣玉食的大家闺秀出身的张幼仪每天像个佣人一样打扫卫生，操持一日三餐。这与夫妻团聚，小别胜新婚，且可以在异国他乡与丈夫共同学习成长的幻想比起来就是天堂和地狱的差别。与痛苦相对的快乐，佛法叫作“变苦”，对它的执着是未来痛苦的因。真正的快乐，是烦恼灭尽的清明，即涅槃寂静的大乐。

张幼仪没有抱怨，因为丈夫至少每天都是回家的，虽然和丈夫的生活一直沉默死寂，但丈夫每天还是能按时回家吃饭，每天晚上无论多晚，她依然能够等到他和她在同一张床上安眠。可这样的日子，徐志摩要崩溃了，他坦白了他的感受：他们两个的婚姻真是滑稽，做夫妻还得拿捏着做，他们在还不知道怎么拿捏的时候，就被推到了这样一个进退维谷的境地，上不来下不去，妻子憋屈，他难受，两人都窒息不自在，只因为他们没有感情。丈夫的这些话，无疑深深刺痛着张幼仪的心，在丈夫的眼中，无论她怎么做，再大的恩情都不能对等地换取他哪怕一点的爱，因为他的爱太纯粹。她背过身去，流下了心痛的泪水。她说：“她生是徐家的人，死是徐家的鬼。”可惜爱情不是亲情，它不是感动就可以换来的。

1920年初秋的一天，伦敦大雾初霁，二十三岁的徐志摩，以焕发的容光、轻盈的脚步走近林徽因。

彼时，徐志摩至少裹挟三个证书——北大毕业证书、美国克拉克大学历史学学士学位证书、哥伦比亚大学硕士学位证书。而林徽因一定令他怔忡不已：她有着驯鹿般清亮柔美的眼睛，一股异样的灵气，在眉宇间氤氲。人都是血肉之躯，都是靠着情感支配的，遇上就是一种宿命，谁也逃离不了。只是单纯透明的家庭底子足以令一个女人津津乐道一生。林徽因不爱谈家事，因为她有出身之讳、成长之痛。林徽因是旧式家族庶出的大小姐。她将祖父母及姑母林泽民的大家庭敷衍得很好，与失宠的母亲相比，她知道他们才是可倚重的亲情树干。亲情方面，她博取了掌声一片。1920年，随父游历欧洲这样的头彩，砸到了她头上。

很多时候，我们经常来不及认真和尽心地对待过彼此，就仓促告别了：为什么会这样？当时好像从不曾自知，也没有反省。徐志摩对张幼仪如此，林徽因对徐志摩也是如此。当他真的轰轰烈烈地为了她而跟发妻离了婚，而她却选择了别人。多年以后，当林徽因开始明白世事沧桑和人情冷暖，才开始明白徐志摩当年为她所做的事情需要多么大的勇气。林徽因1927年在美国留学时，正好胡适来美国，林徽因曾写信给胡适："请你回国后告诉志摩，我这三年来寂寞受够了，失望也遇多了。告诉他我绝对不怪他，只有盼他原谅我从前的种种不了解。昨天我把他的旧信一一翻阅了，旧时的志摩我现在真真透彻地明白了。过去的就过去了，现在不必提了，我只求永远纪念着。"

人生不过如此，笑笑别人，也被别人笑笑罢了，且行且珍惜。自己永远是主角，不要总是活在别人的戏里充当着配角。林徽因是一个"双脚完全自由的女士"，她从来都是坚定而理性地做人生的任何选择。

伯格曼说："现在的我只有一个要求，就是好好活着。勇于献出生命，勇于接受生命，勇于为生命所伤，勇于感受生命之美。敬勇气。吾爱。"正直的人，通过自己的了解，认定一个人后，不管他有什么遭遇，对他的情谊永远不改变，不会因为他被人拥护就亲近他，也不会因为他遭受衰败就舍弃他。这种情谊就像松树，四季都是绿色的，不随严寒而随意变色。但是，诗人的人生服从于他的爱情，爱情就只能是爱情，它在诗人的眼里太纯粹，容不得半粒沙子。

很多年后，一切真相都会浮出水面，误会、隐忍、善意，所以梁实秋能对张幼仪有这样的评价——“她是一位非常有风度受人尊敬的少妇”——就不足为过了。我想人之所以区别于动物，就在于人拥有尊严，人跌倒了会本能地爬起来，徐志摩曾经离婚后去医院看过一次彼得，他问张幼仪：“彼得为什么不爱哭啊？”张幼仪回道：“也许他知道哭也没有什么用吧。”我想，人可以跌倒，但人不会永远爬行，因为人有不屈的意志和灵魂。

虔诚等待·时间

虔诚的等待，播下一个希望的种子，然后等待花开。耐心是静心的生命气息。张幼仪在徐志摩一生辜负的这漫长的时间里，她是安静的，安静得让人心疼。然而张幼仪没有那么痛苦，她知道，爱是、不束缚、不占有。她虽然也曾认为，只要丈夫不抛弃，她就还是他的，然而，正如每件事情都是需要时间来成长的，等张幼仪这份卑微的等待等到了尽头，时间到了，一切就发生了。

徐志摩曾经在《夜六篇》中写道："你要真镇定，须向狂风暴雨的底里求去。你要真和谐，须向混沌的底里求去。你要真平安，须向大变乱，大革命的底里求去。你要真幸福，须向痛苦里尝去。你要真实在，须向真空虚里悟去。你要真生命，须向最危险的方向访去。你要真天堂，须向地狱里守去。"

张幼仪到伦敦的时候，徐志摩已经和林徽因相识、相恋。两个人一起撑船在康河里游玩。1928年，徐志摩重游剑桥，物是人非，往事重重，成就了著名的《再别康桥》。佛经上说：“人有种种苦，其中一种苦是求不得苦，可是不求更苦。”梁启超曾经问徐志摩：“你的人生难道只有爱情？”他说，他追求真。

这期间，徐志摩曾对林徽因表达了感情，小他八岁，只有十六岁的林徽因见了信惊慌失措，自己不敢给徐志摩回信，就由林长民给徐志摩回了信：“阁下用情之烈，令人感悚，徽亦惶惑不知何以为答，并无丝毫嘲笑之意，想足下误解了。”

林长民的这种态度，是我们现在的人无法想象的。主人请客人到自己家里来吃饭、喝茶，结果朋友居然打起女儿的主意来了！可是林长民没有生气，他是受过高等教育的，他是日本早稻田大学研究宪法的，他表示能够理解，但是女儿年少，不知道该如何回信，她并没有不满意的意思，不要误会，还说她让我带她向你问好。这段两情相悦的浪漫时光，后来林徽因甚是怀念。1937年抗战初期，林徽因到了长沙，心情很是不好，她给沈从文写了封信。因为当时正下着连阴雨，她便想到了当年在伦敦时候的心情。信上说：那时候爸爸到瑞士国联开会去了，她一个人住在一个大屋子里，外面下着雨，白天独自一人在书房间里看书，晚上一个人坐在大饭厅里吃饭，垂着两条不着地的腿，还有两条垂肩的发辫。

后来徐志摩1931年11月19日在济南附近的党家庄飞机失事遇难，梁思成从北平赶去处理丧事，从现场捡了一块烧焦了的木头。那时候的飞机不像现在的，有些部分是木头做的。他捡了一块飞机残骸拿回去给了林徽因，林徽因非常悲恸，就把这块木头挂在了卧室的床头，直到她1955年去世，一直就这么挂着。她是爱徐志摩的，他又是为了赶回来听她的演讲而死的，她就要用这种方式纪念他。这在现代，几乎是不可想象的。在感情的纯洁和执着上，在对崇高感情的理解上，我们是失败的。

有人或许会说，反正徐志摩已经死了，她只是用这样的方式来怀念他，又不会出别的什么事儿。这样优秀的女人，梁思成曾经说过："老婆都是别人的好，我的是自己的好；文章都是自己的好，我的是老婆的好。"就是这样优秀的老婆，她可以做到对自己的丈夫光明磊落地有二心。学者金岳霖是中国第一流的哲学家。大概是1932年夏天，也就是徐志摩死了没多久，有一天梁思成从河北宝坻考察古建筑回来，林徽因哭丧着脸说："思成，我痛苦极了，我现在同时爱上了两个人，我拿不定主意，不知道该怎样办才好。"梁思成一听就知道出了什么事，他知道林徽因爱上了金岳霖，想跟他分手又舍不得。这时候梁家住在北平东总布胡同，金岳霖就住在梁家后院，另有旁门出入。起初也许只是好朋友做邻居，交往久了才爱上的。金岳霖受过西方教育，生活很讲究，他家的厨师做面包做得好，每天早上就给林徽因送过去，没事了就到梁家一起喝茶聊天。金岳霖喜欢林徽因，梁思成是知道的，但他不知道林徽因喜欢金岳霖已经到了这个地步。听了妻子的话，梁思成半天都说不出话来，他感觉全身的血液凝固住了，连呼吸都困难了。他一面感到痛苦，一面又感到欣慰，欣慰的是妻子很坦诚，没有把他当成傻子。想了一夜，他把自己和金岳霖比了又比，觉得自己不如金岳霖，林徽因跟金岳霖结合会幸福的。第二天，他跟林徽因说了自己的想法，同时说："你是自由的，如果你选择了老金，我祝你们永远幸福。"当时两个人都哭了。林徽因把梁思成的话告诉了金岳霖，说："梁思成说这个事情由我来做决定，我要是喜欢你的话，他是可以离婚的。"金岳霖说："思成能说这个话，可见他是真正爱着你的，不愿意你受一点点委屈，我不能伤害一个真正爱你的人，我退出吧。"从此以后，金岳霖就"逐林而居"，成了"游牧民族"了。金岳霖之后总是住在林家后院或是隔壁，林徽因到哪里他就到哪里。金岳霖此后终生未娶，一直到八十多岁去世，还是林徽因的两个儿子给他送的终。他们那个年代留学欧美的知识分子在感情的理解上太完美高尚，新文化运动的那些人物的感情，文明到了骨头里面，怕是今天的我们不能理解的。金岳霖、林徽因、梁思成后来的关系处得非常好，甚至抗战以后，林梁夫妇到了四川李庄，金岳霖在昆明西南联大教书，放了假就住在梁家。

张幼仪就生活在这样一个新旧交替的时代，游离在这样一群纯粹的理想主义者边缘，她仰望着他们，却进不去他们的圈子。那个美丽的民国时代，接受了西方自由、民主新思想的资产阶级知识分子，追求浪漫，但是也真正“排他”，并且最为难能可贵的是，那个时代，这些人浪漫的一生时间只会去爱一个人。

第三辑

春晓·穿着旗袍远渡重洋

第九章

沙士顿背井离乡

中国主妇·信子

徐志摩在伦敦爱上林徽因的时候，曾经纠结地写下了一行信徒一样的诗："当生命像我索取代价，我愿偿付以我的生命。当爱向我索取代价，我愿偿以我的爱。我不求自身的完美，但求零星的纯粹，在道德和真理之间谁能够丈量？除了爱，我的信仰已然建立，再也不能够取代。"

1920年冬，张幼仪前往伦敦，他们夫妻团聚。徐志摩带着张幼仪匆匆地在"旅游明珠"法国兜了一圈，最后坐飞机到英国伦敦去了。徐志摩在《我所知道的康桥》里写道："初起我在离康桥六英里的乡下叫沙士顿的地方租了几间小屋住下，同居的有我从前的夫人张幼仪女士与郭虞裳君。"张幼仪到沙士顿的时候，每天像一只勤劳的小蜜蜂，做饭、洗衣、拖地板，把小家庭打理得井井有条。徐志摩对这些家务事情，从来不闻不问，不管张幼仪烧的菜是可口还是难吃，他都一言不发。他想什么时候出去，就什么时候出去；想什么时候回来，就什么时候回来。他本来是家的主人，反倒像是位旅客，好像张幼仪不在家似的，因为他的心思那时完全不在这个家里。

徐志摩在家是这模样，在外完全是个浪漫热情的诗人。康河他掉进去了，上不了岸，他在里面挣扎，几乎要窒息："草上的露珠，颗颗是透明的水晶球。新归来的燕尔，在旧巢里呢喃不休。"他广泛结交名人，在校园里流连忘返，写下了一篇又一篇的美文。

晚年张幼仪回忆说："我来英国的目的本来是要夫唱妇随，学些西方学问的，没想到做的尽是些清房子、洗衣服、买吃的和煮东西这些事……好像家里的佣人一样。"显然直到他们离异丈夫都不知道她的这种需求。徐志摩与林徽因谈诗论道，后来与陆小曼情书往来，对张幼仪自始至终就像刺猬一样竖起全身的刺。

他们搬到一个叫作沙士顿的小镇，那地方离康桥大学大概有六英里远，徐志摩就要在这所大学的皇家学院当文科特别选科生。狄更生已经帮徐志摩打点好学校里的一切，徐志摩就替他料理一些事情。张幼仪夫妇租了间有两个卧室和一个客厅的小屋，从客厅的大玻璃窗可以俯视一条都是灰沙的小路。后来，徐志摩请了个女老师来家里教张幼仪英文，她从开始就想学了，后来英文课半途而废，因为那个女老师埋怨自己要走的路太远，当时张幼仪的字母已经学了一半，会说“早安”和一点点会话。她事后才纳闷，为什么没有坚持要英文教师或是徐志摩让她继续上课。那时候，张幼仪有太多事要忙了：要买东西、打扫内外、料理三餐。

那时张幼仪曾经幻想他们夫妻到西方以后，丈夫对她的态度会有所转变。在中国，夫妻之间应该保持距离，尤其是在公婆面前，以表示尊重。可是在西方，就他们两人在一起，他们本来可以为所欲为，只是那时候只有徐志摩做到了，他爱来就来、爱去就去。

不过徐志摩总是回家吃午饭和晚饭，后来张幼仪在侄孙女张邦梅的访谈回忆中说：“也许是因为我们太穷了吧！如果饭菜好吃，他一句话都不讲；要是饭菜不好，他也不发表意见。今天你们年轻人知道怎么样讨论事情，像你大概就会尝试和你先生商量大小事情，可是当年我没办法把任何想法告诉徐志摩；我找不到任何语言或词藻说出，我知道自己虽是旧式女子，但是若有可能，我愿意改变。我毕竟人在西方，我可以读书求学，想办法变成饱学之士，可是我没法子让徐志摩了解我是谁，他根本不和我说话。”

徐志摩骑着自行车往返于沙士顿火车站和康桥之间，有时候乘着公共汽车去校园。就算不去康桥，他每天早上也会冲出去理发，张幼仪完全不能理解他这个习惯，她觉得他大可以简简单单在家修剪头发，把那笔钱省下来，因为他们好像老在等着老爷寄支票来。可是，徐志摩还是我行我素，做了好多张幼仪无法置喙的事情。如果说爱就是无怨无悔的付出的话，徐志摩的世界里也许从来都没有规划过有张幼仪的世界，他才那么理所当然地去花钱消费吧。

慢慢绝望·破茧

有一天，他们家来了个中国留学生郭虞裳，张幼仪搞不清楚这个人为什么有一天会出现在他们家，然后就搬进来和他们同住了。起先她以为是徐志摩需要那笔房租，后来她回想起来，认为大概是郭虞裳一直独居，而徐志摩告诉他，住在一间有人烧上海菜给他吃的房子里，日子会好过得多，也可能是因为徐志摩不想和她大眼瞪小眼独处。总之，郭虞裳最终住进另一间卧房。在这之前，徐志摩一直用那间房当书房。郭君不像徐志摩那样常去康桥，整天呆在房里用功。如果他要散步的话，有时候会和张幼仪一道去市场，或是到新货铺帮她取些东西。她感谢有郭君为伴，因为至少他会和她聊聊。那段日子，张幼仪白天很少看到徐志摩，他总是在学校。不过，有一次他带她去康桥看赛舟，还有一次带她去看范伦铁诺的电影。他们非在白天看电影不可，因为晚上没有大众交通工具可搭。本来他们打算去看一部卓别林的电影，可是在半路上遇到徐志摩的一个朋友，他说他觉得范伦铁诺的电影比较好看，徐志摩就说好，于是他们掉头往反方向走。徐志摩一向是这么快活又随和，他是个文人兼梦想家，而张幼仪却完全相反。他们本来要去看卓别林电影，结果去了别的地方，这件事让张幼仪并不舒服。当范伦铁诺出现在银幕上的时候，徐志摩和他朋友都跟着观众一起鼓掌，而她只是把手搁在大腿上坐在漆黑之中。

两人在沙士顿住下后，不久张幼仪就怀孕了。可是此时徐志摩正在追求林徽因，无暇顾及张幼仪，他一听张幼仪怀孕便说："把孩子打掉。"那年月打胎是危险的，张幼仪说："我听说有人因为打胎死掉的耶。"徐志摩冷冰冰地说："还有人因为坐火车死掉的呢，难道你看到人家不坐火车了吗？"徐志摩要马上离婚，见张幼仪不答应，一周后便一走了之，将张幼仪一人撇在沙士顿。产期临近，无奈之际，张幼仪给二哥张君劢写信求救，来到巴黎，后来又去了柏林，生下孩子。徐志摩明知张幼仪的去向，却没有理睬，只是在要办理离婚手续的时候，才找到柏林，逼着她签下了离婚协议。

产后，张幼仪很快从悲痛中振作起来，雇了保姆，自己学习德文，并进入裴斯塔洛齐学院专攻幼儿教育。1925年，彼得（徐德生）死于腹膜炎。张幼仪带着一颗破碎的心辗转德国，边工作边学习，学得一口流利的德语。她严肃的人生理念契合德国严谨的工作作风，她找到了自信，找到了人生支撑点。张幼仪将自己的一生分为"去德国前"和"去德国后"——去德国以前，凡事都怕；到德国后，变得一无所惧。

张爱玲曾经说过：“人生最大的幸福，是发现自己爱的人正好也爱自己。生在这个世上，没有一样感情不是千疮百孔的，人生在世，还不就是那么一回事。”作为一个人生虔诚的信徒，张幼仪清醒地明白，她的爱情不会圆满，她务实，因为实在的拥有才是真，她不相信那些丈夫追逐的虚无缥缈的爱恋。有首诗歌是这么说的：“青春，谁都会遭遇爱情，就像是春天的花朵，不同的是，有的开的早，有的开的晚；青春，谁都会遭遇爱情，不同的是，有的花朵鲜艳却不结果，有的花朵只是静静地开着，果实却很丰硕。”对于爱情，徐志摩飞蛾扑火，他选择了明艳地绽放，而张幼仪则只是希望安分守己，哪怕只是静静地开放，但是她需要秋天的时候收获到丰硕的果实。

女人，如果生活在一个不幸地时代，她就要学会低头，如果她一再低头还是不幸，那么她就需要昂起头来了。1918年，在徐志摩出国的那一年，国内《新青年》的“易卜生号”上发表了剧作《娜拉》，这个独立自主、个性鲜明的“娜拉”迅速引发了中国青年的激情，在五四运动中成为女性解放的偶像。张幼仪，她就是要找到途径做一个叫“娜拉”的新女性。

第十章

小脚与西服不搭

心生贪婪·摆渡

王阳明说："天地虽大，但有一念之差，心存良知，虽凡夫俗子，皆可为圣贤。"破除心中的贪念、邪恶、嫉妒等，变得饱满圆通，至善至诚，是内心真正的安宁之道。张幼仪一路走来，陌生的城市，背井离乡，举目无亲，一切似乎都是摆脱不了的命运，命运对她总是这样的盲目而任性，丈夫决绝转身毅然启程的背后，是命运安排给她的另一场人生际遇。想来，生活对她似乎总是有种种不平和磨难，然而，每次她都心有阳光，摆渡苦难，一派云淡风轻。

让徐志摩第一次开口提出离婚，也让张幼仪有生以来第一次提高嗓门的是一个来访的女人，“小脚与西服不搭”成了他们离婚的导火索。

不在沉默中爆发，就在沉默中灭亡！1921年9月，在英国爱丁堡大学读书的留学生，也是一个穿西服的小脚女人袁昌英，她的来访打破了这个家庭最后的沉默。有天早上，徐志摩对张幼仪宣布：“今天晚上家里要来个客人，她是从爱丁堡大学来的一个朋友，我要带她到康桥逛逛，然后带她回来和我一道吃晚饭。”在那之前他们家里从没来过客人，因为徐志摩从来不打算把张幼仪推荐给他的朋友，也从来没有打算把他的朋友推荐给张幼仪，所以那天张幼仪很惊讶，可是她只对徐志摩点了点头，问他想要什么时间开饭。徐志摩说：“早一点。”张幼仪就告诉他五点吃饭。他说：“好。”然后，他又匆匆忙忙理发去了。

后来张幼仪回忆说，她那一整天都在打扫、买菜、准备晚饭。她以为她要和徐志摩准备娶来当二太太的女朋友见面了。打从她到西方的第一刻起，还有看到徐志摩和他朋友在公共汽车里聊天的样子，她就知道他藏了个秘密。后来住在沙士顿的时候，看到他每天一吃完早饭就赶着出门理发，女人的敏感就告诉张幼仪，丈夫这么早离家，一定与他女朋友有关系。

几年以后，她才从郭虞裳那儿得知徐志摩之所以每天早上赶忙出去，的确是因为要和住在伦敦的女朋友联络。他们用理发店对街的杂货铺当他们的地址，那时伦敦和沙士顿之间的邮件送得很快，所以徐志摩和他女朋友至少每天都可以鱼雁往返。他们信里写的是英文，目的就是预防张幼仪碰巧发现那些信件，不过张幼仪从没发现过。

当时陌生女子来家做客的时候，张幼仪并不知道徐志摩在剑桥谈了女朋友林徽因的事，她知道丈夫爱的女人叫林徽因是两年后他们在离婚协议上签字时，徐志摩感激涕零地说："谢谢你。林徽因已经回国了。"这个时候，张幼仪只晓得徐志摩要带个年轻女子回家吃晚饭。那时候张幼仪只是猜测徐志摩有女朋友的事儿，并且她也在琢磨，他到底会不会跟她坦白。她还想，他大可以干脆一点，向她宣布她是谁，然后叫她接受她，这是中国人的一套。就算她给他生了儿子，他也是有资格拥有别的女人的，不管是像老爷那样和她们玩玩了事，还是娶来做小老婆都行。

徐志摩要两个女人碰面这件事情，给了张幼仪这样的暗示：她不光是他的女朋友，而且很有可能变成他第二个太太，他们三人会在这异国他乡同住一个屋檐下。因为张幼仪知道梁启超的小太太就是他在日本求学的时候嫁进他家的，徐志摩也一定会如法炮制。那时候张幼仪就这么理所当然地断定。那一整天都面临着徐志摩女朋友的威胁，张幼仪胡思乱想着："她正在英国一所大学读书，所以应该比自己有学问多了。"她还料想她一定会讲流利的英文，也可能和徐志摩一样雅好文学。"可是那她家人是谁？是哪个地方人？他们认识谁？她兄弟又是何许人？"女人对情敌的本能反应，让张幼仪一整天都魂不守舍。有一会儿，她想到徐志摩的女朋友说不定是个洋女人。他认识不少洋妞，说不定迷上了她们豪放的举止，大笑时把头往后一甩的姿态，还有穿着露出脚踝的裙子的模样。可是她很快又打消了这个念头：不，那不可能，因为没有外国女人会同意以二太太的身份嫁进一个家庭的。

张幼仪从早到晚不得不一再向自己保证："我在徐家的地位是不会改变的。我替他生了儿子，又服侍过他父母，我永远都是原配夫人。"于是她发誓，她要以庄重高贵的姿态超脱徐志摩强迫她接受的这项侮辱，对这女人的态度要坚定随和，不要表现出嫉妒或生气。后来，她跟张邦梅讲这段故事的时候，居然想不起这个女人的名字。她唯一真正记得的一件事，是她的外表。因为那天那个女人非常努力地想表现得洋里洋气，她头发剪得短短的，擦着暗红色的口红，穿着一套毛料海军裙装。可是张幼仪顺着她那穿着长袜的两条腿往下看，在瞧见她双脚的时候，她惊讶得透不过气来，那是双挤在两只中国绣花鞋里的小脚。这新式女子裹了脚！这让张幼仪差点放声大笑。

加上郭虞裳，他们四个坐在一起吃晚饭的时候，袁昌英说她父亲在外交部任职，她也是在上海市郊长大的，而且提到张幼仪认识和不认识的几家人。当时张幼仪心里只有一个想法：如果她家里这么新潮，肯让她单身到海外求学，为什么还把她的脚缠了。徐志摩把张幼仪给弄糊涂了："这难道就是他两年前到伦敦以后一直约会的女人吗？为什么是这样一个不如自己的女人？他老是喊自己乡下土包子，如今他带回来这么个女人，光看她那双脚，就显得比自己落伍了。可是，她受过极好的教育，假如徐志摩打算接受这种女人的话，他为什么不鼓励自己上学？为什么不让自己学英文？为什么不帮忙让自己变得和普通大脚女人一样新潮？为什么徐志摩想和这女人在一起的程度，超过想和自己在一起的程度？她并没有双小脚，年轻的时候也读过书，可是她学的东西可以和这个女人一样多啊！”张幼仪恨徐志摩想在家里多添一个她。他没有小心看紧荷包，现在家里又多了张嘴要喂。张幼仪脑海里突然掠过一个念头：徐志摩要自己去打胎，是不是想把这个女人带进家里？想到这儿张幼仪都要哭了。吃过晚饭以后，徐志摩把袁昌英送到火车站，郭虞裳回房休息。张幼仪在那个晚上被搞得心烦意乱，她慢吞吞地洗着碗盘。徐志摩回到家的时候，她还在厨房洗碗。他一副坐立难安的样子，在她身边转来转去，张幼仪被他弄得莫名其妙，因为徐志摩这个行为太反常了。一般情况下，这会儿他应该去看书，或者跟郭虞裳聊天。“他这是怎么了？”张幼仪心里直犯嘀咕。她对他气愤、失望，差点说不出话来。她洗好碗盘以后，徐志摩跟着她走到客厅，问她对袁昌英有什么意见。虽然她已经发誓要采取庄重随和的态度，可是因为脑子里有太多念头在打转了，就冲口说出心里出现的第一个想法：“呃，她看起来很好，虽然小脚和西服不搭调。”

徐志摩不再绕着客厅走来走去，他把脚跟一转，好像她的评语把他的烦躁和挫折一股脑儿宣泄出来似，他突然尖叫道：“我就知道，所以我才想离婚。”这是徐志摩头一次对张幼仪提高嗓门，他们那间屋子骤然之间好像小得容不下他们了。于是张幼仪从后门逃了出去，感觉到夜晚冰凉的空气冲进了她的肺里。

后来张幼仪回忆起那天晚上尴尬和绝望的情形，听着不甚凄凉。张幼仪上床的时候，徐志摩还在客厅用功。不过，到了三更半夜，他蹑手蹑脚进了卧室，在低下身子爬上床的时候拉到了床单，而且他背着她睡的时候，身体轻轻擦到了她。张幼仪虽然知道他是不小心的，却有一种这是他们身体上最后一次接触，也是在向他们那段可悲的亲密关系挥手告别的感觉。

事后他们有好些天没说话，虽然这一点也不新鲜，可她还是觉得那种死寂快叫人受不了了，徐志摩那天晚上说话的声音在她脑中回荡不已。以前他从没那样发过脾气，这很明显地表露了他沮丧的程度，而他在要求他们离婚的那一刻，已经把他们生活的次序破坏掉了。

经过这个穿西服的小脚女人事件后，张幼仪没办法拿捏徐志摩的脾气了：他说话的时候，她怕他再提高嗓门；不说话的时候，她又很想知道他什么时候会再这样。有天早上，他头一次没吃早饭就走了，她从屋子前的大窗看着他踩着自行车踏板顺着街道骑下去，心想不晓得接下来会发生什么事。

大约过了一星期，有一天，徐志摩就像他当初突如其来地要求离婚那样忽然消失了。他一天、两天甚至三天没回家，开始张幼仪还以为他去伦敦看朋友了。陪她买菜的郭虞裳虽然还住他们家，可连他也不知道徐志摩的行踪。她的丈夫好像就这样不告而别了。他的衣服和洗漱用具统统留在家里，书本也摊在书桌上，从他最后一次坐在桌前以后就没碰过。她知道，要是徐志摩早就计划离家出走的话，他至少会记得带他的书。一个星期过完了，他还是不见人影。郭虞裳好像猜到事有蹊跷，有天一大早便带着箱子下楼说，他也非离开不可了，说完就走了。

这时候，怀孕的身体负荷让张幼仪害怕。“她要怎么办？徐志摩哪里去了？”她没法子睡在与他共枕过的那张大床上，也没办法在觉得自己不会尖叫失声的情况下，穿过一个个房间。她完全孤立无援。

有天早上，张幼仪被一个叫作黄子美的男子敲门的声音吓了一跳，他说他知道她一个人在家，从伦敦带了徐志摩的口信给她。她就请他进门，倒了杯茶给他，以紧张期待的心情与他隔着桌子对坐。“他想知道……”黄子美轻轻皱着眉头，好像正在一字不漏地搜索徐志摩说的话那样顿了一下“……我是来问你，你愿不愿意做徐家的媳妇，而不做徐志摩的太太？”张幼仪没立刻作答，因为这句话她听不懂。最后她说：“这话什么意思？我不懂。”黄子美喝了一小口茶，若有所思打量她的头发、脸孔和衣服。张幼仪晓得他准备回去向徐志摩报告结果，一念及此，她就火冒三丈，突然顶起下巴对着他发言：“徐志摩忙得没空来见我是不是？你大老远跑到这儿，就是为了问我这个蠢问题吗？”然后她就送他到门口，坚定地在他背后关上门。她知道徐志摩不会回来了。

产期临近，无奈之际，张幼仪给二哥张君劢写信求救，她来到巴黎，后来又去了柏林，生下孩子。徐志摩明知张幼仪的去向，却不予理睬，只在要办理离婚手续时，才找到柏林。产后，张幼仪很快从悲痛中振作起来，入裴斯塔洛齐学院专攻幼儿教育。回国后她办云裳公司，主政上海女子储蓄银行，均大获成功。其实张幼仪不是小脚，徐志摩后来也很少穿西服，但是他们俩人的东方与西方、传统与现代的思想观念冲突，使得他们像一匹裂锦，难以愈合。张幼仪终于从小脚的阴影里走出，成为一个“穿西服”的引人注目的新女性。

张幼仪晚年曾对张邦梅说：“如果照顾徐志摩和他家人叫作爱的话，那我大概爱他吧。”其实不是说不定，可以肯定地说，张幼仪是最爱徐志摩的，因为她对徐志摩的爱是没有任何附加条件的，甚至不管徐志摩爱不爱她。

人都是渐渐成熟的，这个过程中首先要了解和改变的就是内心，要了解它到底是什么模样？是该去棱角，还是该上颜色？传说在流传至今的明清漆器中，有一种犀皮斑纹的是最昂贵的，一器难求。而有些女人就像这种漆器，她内敛而厚重。在很长时间里，人们甚至不知道它是由哪些天才制作出来的。后来，一个叫王世襄的人终于在他的书中把秘密泄露了出来。工匠制作犀皮，先用调色漆灰堆出一颗颗或是一条条高起的底子，那是“底”，在底上再刷上不同颜色的漆，刷到一定的厚度，那就是“中”和“面”了，干透了，再磨面抛光，光滑的表面于是浮现出细密和多层次的色漆斑纹。每一件与众不同的绝世好东西，其实都是无比寂寞的勤奋、血、汗，还有默默无闻的隐忍打造的，好女人和好器皿一样，需要岁月和困难的打磨。

生是过客·裂锦

人生俯仰之间，往事恍若断章，一步天涯的地平线，只有从容的背影走过生命的旅途，管他匆匆不匆匆，都是过客。一个人的行走，就算是有些落魄，握不住似水年华，只能转身束手沉默，也是美好的。顾城曾说："我从没被谁知道，所以也没被谁忘记。在别人的回忆里生活，并不是我的目的。"张幼仪的理性和务实，让她在面对孤独和绝望时，依然可以坚守这生命的信仰。成熟是一种无须张扬的从容，信念还在现实中美丽地起舞，坚韧的步履成了一只承载命运的轻舟。

张幼仪、林徽因、陆小曼，这三个女人因徐志摩而一再被人们提起、对比。人们赞美林徽因的聪慧、陆小曼的美丽，而张幼仪则永远是那个被遗忘的人。没有人会想起，张幼仪是中国第一位女银行家、企业家。而正是与徐志摩的失败婚姻，成就了她的事业。

林徽因秀外慧中、多才多艺。她曾旅英留美，深得东西方艺术之真谛，英文水平极佳。她兼具中西之美，既秉有大家闺秀的风度，又具备中国传统女性所缺乏的独立精神和现代气质。在北平的文化圈里，她一直以才貌双全而闻名。由于徐志摩的文学引领，她写得一手音韵极美的新诗，是一位不可多得的才华横溢的女作家。以她为中心，聚集了一大批当时中国第一流的文化学者，而她就是一个高级文化沙龙的女主人。

她是建筑史研究中卓有建树的学者，卷起袖子就可以赶图设计新房舍。她骡子骑得，鸡毛小店住得，20世纪30年代以来，她不顾重病在身，经常颠簸在穷乡僻壤、荒山野岭，在荒寺古庙、危梁陡拱中考察研究中国古建筑。她还是三个著名的爱情故事的女主角：一个是与徐志摩共同出演的青春感伤片，浪漫诗人对她痴狂，并开中国现代离婚之先河；一个是和梁思成这个名字并置在一起的婚恋正剧，建筑学家丈夫视她为不可或缺的事业伴侣和灵感源泉；另外一个是悲情故事，她中途退场，逻辑学家金岳霖因她而不婚，用大半生的时间“逐林而居”，将单恋与怀念持续终生。可想而知，她确实是一位倾倒众生的佳人。在她身后，似乎还真难找到一个能及得上她成就和魅力的女性。

1931年夏天，徐志摩在《猛虎集序》中坦言，他在二十四岁以前，与诗“完全没有相干”。是在“整十年前”由于“吹着了一阵奇异的风”，照着了“奇异的月色”，他这才“倾向于分行的抒写”，而且“一份深刻的忧郁”占定了他，渐渐潜化了他的气质，而终于成就了他这位诗人。徐志摩这里所说的“整十年前”，当指1921年，正是在这一年，他在伦敦结识了林长民及其女林徽因，他的新诗创作也从这一年起步。

与林徽因相见之时，徐志摩已是一个两岁孩子的父亲了。而林徽因却只是个穿着白衣、身材纤细的十六岁少女。从他们相遇的那一刻开始，她就成为诗人心里永恒的素材、寄托的梦想，一个被诗人无数次理想诗化的女子，一个脱离了现实只存在梦幻之中的女子。徐志摩单恋上她，为她写作无数动人心弦的情诗，甘做她裙边的一株杂草。1922年，陈从周的《徐志摩年谱》中讲道：“林徽因在英，与志摩有论婚嫁之意，林谓必先与夫人张幼仪离婚后始可……”自古三角关系的爱情，就是经久不衰的舞台话剧剧目。生性多情的林徽因和风流倜傥的徐志摩自然也难逃宿命，只是这其中张幼仪成了他们爱情的殉葬品。

事实上，上帝又一次开了一个玩笑，徐志摩也做了第三者，因为林徽因当时已经许配了梁思成。很有意思的是，作为父亲的林长民竟然也犹犹豫豫地默许了女儿与徐志摩之间的爱情，浑然忘记了自己已经把掌上明珠许配了梁家大公子。徐志摩是林徽因文学道路上的引路人。林徽因曾对她的子女们亲口讲过，徐写过很多诗送给她，最有名的是《偶然》。然而，她对于诗人的热情，有着不可信任的直觉，徐志摩的浪漫与飘逸是她所欣赏的，但也是她无法把握的，以至于自己无法焕发出同样的激情去应和。最终，她没有像同时代的丁玲、石评梅、卢隐那样，从追求自由的爱开始，然后又为爱所困，她成为一个出身名门、游学欧美、视野开阔、见识广博的知识分子。正如张幼仪对林徽因的评价，当她知道徐志摩所爱何人时，曾说“徐志摩的女朋友是另一位思想更复杂、长相更漂亮、双脚完全自由的女士”。女人的敏感和直觉从来都没有错过，她只是没有林徽因那样多的机遇和选择罢了。

张幼仪就如薛宝钗一般，心纵然在滴血，摆出来的还是一张笑脸，一张有分寸的笑脸。不知道张幼仪花了多长时间修复内心的创伤，反正让别人看到的，是在离婚不久，她就一边抚养儿子彼得，一边进了德国裴斯塔洛齐学院专攻幼儿教育，继续她十七岁时中断的梦想。很多人都误以为张幼仪是一个旧式的小脚女人，实际上，她在精神和行为上，比陆小曼更符合新女性的标准，和林徽因一样有上进心，只是少了一点自我和轻灵。

在她三岁那年，母亲为她裹脚，她撕心裂肺的哭喊让哥哥心痛，哥哥便作主扯了裹脚布，使她成了一双大脚，日后穿起西服，那脚配上皮鞋，也是协调的。后来她被评为“有主见、有主张且相当主动”的“三主”女强人，以她铁娘子的勤勉和严格再加上兄长的帮助，很快就在金融界风生水起，大获成功。

张幼仪的个照不多，其中一张是1921年去欧洲时与徐志摩的合影：穿着连衣裙，戴着硬顶圆帽，身边依偎着的丈夫，已经结婚六年多，为妻脸上的笑还是拘谨而客气的，好似一对才相识的新人。其他书籍和网页上的单人照要么是截取这张合影的一部分，要么是同时拍的一张单人照。单人照倒多了一些好奇、打量的活泼，不过和林徽因、陆小曼相比，她让我们看到的照片太少了。一个被丈夫“鄙视”的女子，怎么可能有兴致留影呢？

徐志摩以“小脚与西服不相配”为理由提出离婚，小脚只是象征，婚变前的张幼仪深受旧式中国传统礼教的束缚，遵从一切传统规范，博得了徐志摩父母的欢心，而这“思想的裹脚布”却是徐志摩厌恶的。在张幼仪的眼光里，离婚就是被“休”，她坚决不同意，认为自己没有犯“七出”中的任何一条。

在巴黎呆了一阵子后，她随二哥、七弟到了德国。在柏林，张幼仪生下了次子彼得，当她从医院回家后，一直杳无音信的徐志摩露面了，他来找她签离婚协议——其时林徽因已经回国，他急着回国追求她。张幼仪签了字，这是中国历史上依据《民法》生效的第一桩西式文明离婚案。签好离婚协议后，徐志摩跟着她去医院看了小彼得，他把脸贴在玻璃窗上，看得神魂颠倒，但他始终没问张幼仪要怎么养他，他们要怎么活下去。

无论是徐志摩还是张幼仪，在海外求学，他们一直都是靠徐志摩父亲的汇款。徐志摩和张幼仪协议离婚后，徐家仍视张幼仪为自家人，徐父每月都给张幼仪寄两百美金。战后德国，马克贬值，一美元就能买很多食品，两百美元能过上不错的日子。张幼仪雇了保姆，自己学习德文，并进入裴斯塔洛齐学院专攻幼儿教育。1925年，彼得三岁时，死于腹膜炎。

徐志摩在彼得死后一周，抵达柏林，这是他们离婚后第一次见面，当时，徐志摩已经开始热烈追求陆小曼。徐志摩神采奕奕，而丧子后的幼仪瘦小憔悴，她赢得了徐志摩的尊敬。他在写给陆小曼的信中说：“她是个有志气有胆量的女子……她现在真是‘什么都不怕’。”

在德国期间，也曾有男子追求张幼仪，她回答：“我还不想结婚。”终其一生，张幼仪都是一个背负沉重包袱的女人。她晚年回忆说：“四哥写信告诉我，为了留住张家的颜面，我在未来五年里，都不能教别人看见我和某个男人同进同出，要不别人会以为徐志摩和我离婚是因为我不守妇道。”到了晚年，她仍然教育出生在美国的侄孙女：“中国家庭之间的关系很重要……你来跟我说晚安的时候，偶尔会在我允许你离开之前，先掉头走掉，这样子很糟糕……”

对于张幼仪和徐志摩的婚变，我不禁反思一个社会学问题，想从普遍性中探索出特殊性的一些蛛丝马迹。爱情是人类特有的现象吗？从生物学来讲不是，从社会学来讲是。在动物界，许多动物与一个异性相伴终生，已相当于徐志摩所谓的“纯粹的爱情”。动物界这种对于一个异性伴侣的忠贞源于对抚育后代的需求，鸳鸯、企鹅就是典型的代表。在人类社会，爱情被赋予了绚丽的光环，美好多彩，甚至是可遇而不可求的。对于人，爱情需要具备几个条件才能产生爱的火花，这样想想，张幼仪和徐志摩能够“割袍断义”一般分道扬镳，也就不难理解了。一是彼此要有适合自己的审美意识。徐志摩讲究时尚，张幼仪传统保守。二是有利于两性的自我发展。徐志摩在自由民主路上探索了太远，张幼仪跟不上丈夫的步伐了。三是生活中的价值观相似，脾气、性情能持久地默契。张幼仪、林徽因还有陆小曼，其实徐志摩从未找到一份真正落入人间烟火的爱情。与张幼仪大概是三条都不合，与林徽因拥有共同的志趣审美，但是价值观和性情的差异，让他们选择了柏拉图一样的精神恋爱。与陆小曼拥有了共同的审美，但是人生目标存在差异，爱情没有让他们繁殖的人性欲望带来相对满意的情感和物质保障，爱情所以也在理想中夭折了。

维吉利亚·萨提亚曾在《如果你爱我》中讲："请你在爱我之前先爱你自己，爱我的同时也爱着你自己。你若不爱你自己，你便无法来爱我。这是爱的法则。因为你不可能给出你没有的东西，你的爱只能经由你而流向我，若你是干涸的，我便不能被你滋养。爱自己是生命的法则，除非爱自己，你不能滋养别人。生命的本质是生生不息的流动，生命如此，爱如此。"也许，正如晚年张幼仪掷地有声的"也许我最爱他"那样，最不浪漫的她，也许是最懂爱情的。

在分别的时刻，才知道了自己爱的深度。经历了婚姻刺痛的张幼仪明白了一个浅显的真理：爱是生活的奢侈品，一个女人即使卑微到尘埃里也不一定能挽留住婚姻，但是坚强地照顾好自己一定可以赢得真正有尊严的人生。

第四辑

闹春·浴火重生的凤凰

第十一章

无所畏惧·第二个孩子彼得

此岸既无，彼岸已达

1921年10月林徽因回国，黄子美代表徐志摩来问张幼仪：愿不愿意做徐家的媳妇，不做徐志摩的太太。徐志摩向没有自由的人要自由，张幼仪人生的冬天来了。

之后张幼仪带着一颗破碎的心辗转德国。在德国，她找到了自信，找到了人生支撑点。张幼仪将自己的一生分为“去德国前”和“去德国后”——去德国以前，凡事都怕；到德国后，变得一无所惧。

回想在硖石的时候，当日子一天天变暖，附近的西湖出现第一只游船后，她们就会换上轻薄丝绸衫或棉纱服，佣人也会拿来一堆家人在夏天期间用来纳凉的扇子；在她的托盘里摆着牛角、象牙、珍珠和檀木折扇，还有专给男士用的九骨、十六骨或二十四骨的扇子，因为女士从不使用少于三十根扇骨的扇子。有的扇面题了著名的对子，有的画着鸟、树、仕女等。

她们一整个夏天都用扇子在空中扇着，天气逐渐转凉以后，就把扇子收在一边。所以中文里面有个形容，可以拿来形容被徐志摩孤零零丢在沙士顿的张幼仪：她是一把“秋天的扇子”，是个遭人遗弃的妻子。

就在这个时候，她考虑要了断自己和孩子的性命。她想，她干脆从世界上消失，结束这场悲剧算了，这样多简单！她可以一头撞死在阳台上，或是栽进池塘里淹死，也可以关上所有窗户，扭开瓦斯。徐志摩这样抛弃她，不正是安着要她去死的心吗？

后来她记起《教经》上第一个孝道基本守则：“身体发肤，受之父母，不岂毁伤，孝之始也。”于是，她打消了这种病态的想法。

静好·你是我的一滴泪

1921年下半年，张幼仪怀着未出世的孩子，怀着复杂的心情，离开伦敦，来到德国柏林。这段期间，她更发奋地学习，小心翼翼地保养、调理自己，把所有的怜惜、所有的爱都倾注于腹中正在成长的小生命。

次年2月24日，张幼仪产下次子彼得。徐志摩在彼得满月之际匆匆赶到柏林。由好友吴经熊、金岳霖作证，张幼仪和徐志摩分别在在离婚协议书上签字，正式结束了二人的夫妻关系。

张幼仪以她惊人的人格力量渡过了人生的第一个难关。她本可以更轻松地学习，更自在地生活，看着儿子快乐地长大成人，谁知天有不测风云，1925年，才满三周岁的小彼得患病夭折了！万里迢迢赶来的徐志摩，看到的是小儿子彼得活泼可爱的遗像、一撮冰冷的骨灰和张幼仪凄惨无比的面容。

张幼仪泣不成声地向徐志摩叙说小彼得的一切：小彼得对音乐特别敏感，具有非凡的慧根；还在襁褓中的时候，小彼得听到音乐就在婴儿车上手舞足蹈；稍大一点后，小彼得喜欢贝多芬、瓦格纳；每当听到中国戏、锣鼓声，小彼得就立即捂住小耳朵；小彼得半夜里忍不住技痒偷偷地爬起来弹妈妈刚刚给他买回来的琴；小彼得抱着琴睡熟了；小彼得喜欢站在桌子上拿根短棍模仿音乐会指挥；小彼得下葬时，为他送葬的八十人都伤心落泪；街坊邻居时时追忆小彼得的聪明可爱；小彼得常常念着父亲的名字，翻来覆去地抚弄并用小嘴亲吻父亲的相片……

现在父亲来了，小彼得却走了。

在彼得坟前，徐志摩放声痛哭，把一腔幽愤向墓中的爱子细细倾诉。他忏悔，追问，迷茫。这个时候，张幼仪又一次以她可敬可佩的人格力量跨过丧子的哀恸，向徐志摩伸出温暖的手。她千方百计地安慰他，陪他上剧院看歌剧《茶花女》，陪他去巴黎、威尼斯、罗马等地旅行。在与徐志摩离婚后的三年里，在柏林艰难困苦的留学育子生活之外，她跟徐志摩书信往来不断。无论是不是夫妻，她都是徐志摩最可依靠的人。

当她得知徐志摩正在追求陆小曼时，她衷心祝福他们终成眷属。她把自己的痛苦深深地掩藏，把自己的感情深深地封存。

无论是徐志摩还是张幼仪，在海外求学，一直都是依靠徐志摩父亲的汇款。徐志摩和张幼仪协议离婚后，徐家仍视张幼仪为自家人，徐父每月都给张幼仪寄二百美金。战后德国，马克贬值，一美元就能买很多食品，二百美元能过上不错的日子。张幼仪雇了保姆，自己学习德文，并进入裴斯塔洛齐学院专攻幼儿教育。

终于学会了爱自己

有人说："当上帝给你关闭一扇窗的时候，他一定在另一个地方给你打开了一扇门。"人类社会的万事万物皆有利弊。一个人有好也有坏，好远大于坏，就说明他是一个好人。林徽因说徐志摩是一个善良、能吃委屈的绅士，但是从徐志摩与张幼仪的夫妻关系中却很难看到他绅士般仁慈的品性。在这段婚姻中，张幼仪却把悲伤经历转化成自己的精神财富，逆袭了幸福的人生。我总觉得一个人心灵成熟，在于体味到生命最真切的痛楚后还能乐观笑对人生。人的一生很难说不会遇到坎坷，张幼仪一生未曾穷困潦倒，但是她的围城七年却在无爱中飘摇，使她的人生遭遇重创，但是她选择了从容面对，从中得到生命中对悲伤的体验，这成了她后来能够在生活中时刻保持高度理性和清醒的警钟，她学会了一个人应对生活的兵荒马乱，这段痛楚终究化作她生命中的财富。

对于一段一开始就没有长远性的婚姻而言，回头和终结都是痛苦，腹背受敌。《人类世界的秘密》中讲："人类是地球生命物质的高级代表。生命的物质一切行为目的不外乎三种：生存、繁殖、进化，其他都是进化出来的表象。”

张幼仪像一朵低调而华丽的黑玫瑰，一直都卓越而不张扬，爱得炽烈而深沉。在一切与生命有关的活动中，爱最能让人感动，也最伟大。徐志摩这块执拗的冷铁，最后也在婚姻的捉襟见肘中，感悟到了原配的体贴与温暖。爱，像整个宇宙的某种灵魂启示，它是生命物质盛开的花朵，就像氧原子与氢原子结合成为水分子一样，它的新生充满希望。

罗素曾在《我为什么而活着》中讲道：“有三种简单而无比强烈的激情左右了我的一生：对爱的渴望，对知识的追求，对人类苦难难以遏制的同情心。……我追求爱，首先因为它使人心醉神迷，这种陶醉是如此的美妙，使我愿意牺牲所有的余生去换取几个小时这样的欢喜。我寻求爱，还因为它解除了孤独，在可怕的孤独中，一颗颤抖的灵魂从世界的边缘看到冰冷无底死寂的深渊。最后，我追求爱，还因为在爱的交融中，神秘而又具体而微地，我看到了圣贤和诗人们想象出的天堂的前景。”徐志摩追随罗素，也追求纯粹而唯一的理想爱情，然而他在现实生活中却屡屡碰壁，梦中缪斯并没有在现实生活中垂青于这位执着而热烈的诗人，它给了他重重一击。

而对生命一直心静如水的张幼仪，一个看似对生命和生活没有任何反抗的女人，反而总能以柔克刚，真正地战胜生活，成为赢家。有人说，最圆满的爱情是死亡造就的完美情人，女人在回忆中慢慢老去，如徐志摩离去后陆小曼的独善其身，如林徽因挂在床头的那一丝自我折磨。但是张幼仪，她没有得到任何关爱，她燃烧不到自己的那份神经，她还一直坚守在原点耕耘责任。这种大气，恐怕是只有原配才能拥有的气度吧。

与张幼仪同病相怜的原配们，真正做到不卑不亢的也怕是凤毛麟角。如蒋碧薇，她是新女性，但遗憾的是，她一辈子都是职业妻妾，没有早些从事文艺，胸腔内没有早些注入文艺的暖流，她少了一些主见和交流碰撞的魂魄，等她醒来，已经太晚。

经历过尘世纷扰的世人，都确信一个真理：大道至简。越简单，越幸福。张幼仪早就看到了这种生命的本质，幸福归根结底来自于自己的心安。她一直生活大致平静，其实胸中总有波澜，她一直憋着一股倔强的劲儿，要证明给那个生命中鄙夷自己的男人看，他说自己是旧社会女人，她偏要在国外省吃俭用，成为张家第一个留过洋的女孩子。她就算是在异国他乡，被丈夫抛弃，身怀六甲，她也未曾轻生。而一向总能如己所愿的徐志摩，最后的幸福感已然还在风雨中飘摇，幸福感其实只是一种内心的感觉，它不会跑，如果不能真正读懂爱和幸福的真谛，一个人的幸福感是不能稳定的。她，也难以做到心如止水。

而张幼仪显然是一个读懂了生命个中奥妙的奇女子。

第十二章

中国第一桩西式文明离婚案

一念之间·醉酒

丈夫失踪后，张幼仪给在巴黎学习的二哥张君劢写信说明了丈夫的情况，张君劢很快接妹妹到法国，托在法国乡下的刘公岛夫妇照顾。之后，他曾给徐志摩去信劝和："志摩吾弟，幼仪已在我处安排妥当，在我处一切安好勿念。家中亦去信，称你有游学之计划不便照顾，弟之谓此婚姻系无爱之结果。对此非身在其中便无可置喙。然幼仪处境实可怜，当设身处地位置思量。况张家向来视弟非是姻亲而等同于手足，故离异则有如痛失手足，故盼弟能三思而后行。二哥。”

徐志摩的回信：“君劢二哥。我已离开沙士顿。搬进剑桥的学员宿舍。幼仪由你照顾，至为感激。对她的伤害，我自知无力弥补，但若要以延续婚姻，作为内心亏欠的补偿，只怕亏欠更深，伤害更大，短痛亦将成为长痛，弟在剑桥受其性灵之启发，并非三言两语能尽述。唯其活学活用的根本，都在于尊重人格之自由完整与差异。这在中国社会是最被忽视的一件事，在媒妁之言，父母之命的婚姻中，更是首先被牺牲的关键，弟与幼仪之婚姻痛苦始肇于此。清醒了岂能再昏醒，觉知了岂能再愚昧。当华美的叶片落尽时，生命的脉络便历历可见。弟之愚情盼兄能体解。志摩。”

爱恨就在一瞬间，在次子彼得满月之际，张幼仪与徐志摩正式离婚。这天是1922年3月，边上有两个人作证，一个是吴经熊，另外一个是金岳霖。那天柏林的天阴沉沉的，在金岳霖等丈夫朋友的见证下，在丈夫朋友家的公寓里，张幼仪选择了“嫁夫从夫”，理智地在离婚协议上签了字。

就在张幼仪含辛茹苦、忍辱负重的同时，徐志摩于1922年8月追随不辞而别的林长民、林徽因父女返回中国。徐志摩回国后还没有挽起袖口报效国家，就做了一件一鸣惊人的事儿，1922年11月8日《新浙江》副刊《新朋友》的“离婚号”上发表了中国第一宗西式离婚通告。通告后半部分，徐志摩说：“目前的情况，离婚的结果，还不见男的方面亏缺，男子再娶绝对不成问题。女子再嫁的机会，即使有种不公平。固然，我们同时应该打破男必娶嫁的缪见。但不平等的想象依然存在。这女子不解放，也是男子未尽解放的证据。我们希望大家努力从理性方面进行，扫除陋习迷信，实现男女平等的理想。”

徐志摩带着普世慈悲的情怀控诉了离婚对女子的不公平，但是他同情了整个世界的女子，却没有同情自己身边的张幼仪。他在通告中还提到，离婚其实未必需要经过双方父母的同意，只要当事人同意即可。他用屋子里失火，子女当然逃命，来比喻他水深火热的婚姻生活。用城外的父母对屋子失火不能感同身受，来说明这种经过父母同意才能离婚的制度的滞后和可笑。也就是说，解除辱没人格的婚姻，是逃灵魂的命。

在这样一个敏感进步的民国新时代，人道是社会进步青年的一个道德标杆。道德的勇敢也是新时代的精神。同情永远是人道的经纬，理性是指南针。徐志摩是浪漫主义者，却也注定有他的不完美，父母爱子女，希望子女幸福，但是子女也有孝敬父母的义务，不然就是自私。徐志摩的很多行为率真但也任性，好在他的至亲至爱都包容他。

从这篇逻辑性极强的离婚通告来看，徐志摩确实是个口才极佳的才子，但是他没有把他的温度给到他的女人，他的女人有着新时代女性的坚强独立、自强不息，可惜他都看不到。张幼仪也明白了，人各有命，不用说丈夫不爱她，就算是相爱的人不能在一起，也就不能在一起吧，一辈子其实没有那么长。徐志摩曾在陆小曼吸食鸦片后，找张幼仪谈心。他说，他是心往光明里走的，但是脚步却迈向了黑暗。不知道风往哪里吹，他不知道生活接下来会怎么样。生活的舵，迷失了方向。张幼仪说："其实没有那么困难，就是学会认命吧，接受最坏的，看接下来还能再多坏，然后管它是风是雨，往前走就是了。"这是一种多么无奈且悲观的活法，张幼仪的体味，如今她丈夫也体味到了。生活就像麦比乌斯圆环，转了一个大圆圈，最终又反馈到自己身上。

依心而行，无憾今生

有人说，失去的东西，其实从未真正属于你，不必惋惜，也不必追悔。张幼仪走出痛苦的时间很短，不是因为不疼，而是因为她知道喊疼也没有用。无论身处何种时代、何种体制，没有人能替自己照顾好自己的内心。王阳明曾在临终前说过一句名言：“此心光明，亦复何言？吾心自有光明月，千古团圆永无缺。”

张幼仪像是一条小河，平静但是充满活力，并且知道自己的方向，最后奔涌向了大海。鲁迅的妻子朱安则像一口凄凉的古井，一生非常伟岸，但是却不值得，因为每个人都只能活一次。所以，要为别人着想，但是要为自己而活。当下，80后和90后已经开始步入围城并为人父母，在改革开放的社会主义新时代成长起来的这个新族群，婚姻已经亮起了红灯，“丈夫在外面优秀，女人在家里面生锈”的现象还或多或少存在着。那么妻子，作为一个把自己的大好青春奉献给一个优秀男人起步期的女人，她在自己的风险期，便需要“上得了厅堂，下得了厨房，斗得过小三儿，翻得了围墙”，练就一身“原配”本领。而张幼仪从情商到夫妻两性关系上，显然还有很大的提升空间。她是个严肃的人，而丈夫过于活泼，所以他们的决裂是那么的“义无反顾”。

社会总是在进步的，而它的组成细胞之一 ——社会的公平则需要不断地进化。如今，很多人会讲婚姻现实。太多现实的条件，让女人成为一种条件的附庸，爱情这个原本婚姻的基石，最后却成了与婚姻关系不大甚至分道扬镳的因素。爱情是一回事儿，婚姻另当别论。或者某人适合恋爱，但结婚还是另谋他人。所以，中国的婚姻，当下幸福的概率是百分之一不到，因为爱情已经被各种婚姻的条件稀释了。张幼仪若是生活在现代，一定是个好妻子，因为她的经济基础够强大，不需要太依附，凭她的聪明伶俐，她也一定可以搞定各种关系。但是，相反，在民国，她的这些过于独立的特性，并没有感动视感情纯真和爱情为唯一的才子。

她是没有自由的，她寻求自己的时候，就明明白白地体味到这些旧时代体制的枷锁。一个女人的一生应该怎样度过？什么样的人生算是了无遗憾？人生若是不能够圆满，怎样做出最有价值的选择。张幼仪，她做得非常完美，滴水不漏。徐志摩让她选择做徐家的媳妇，不做徐志摩的妻子，她做到了。作为一位单身母亲，她带着阿欢一个人生活，改正了他很多的不良习惯，最终培养了一个严谨的土木工程师。她作为徐家的义女，养老送终，照顾徐志摩的双亲。作为前任，她与陆小曼情同姐妹，徐志摩去世后，她给陆小曼每个月邮寄二百元大洋。这样的气度和胸襟，怕是在现在，也难以有人做到。

她没有选择像蒋碧微一样做个职业妻子，做任何职业都是有风险的。做职业妻子，需要以夫为天；做职业交际花，需要美貌如花，还要有迷人的气质；做干练的女强人，需要有心如止水的心态，还要有严谨的作风。张幼仪，不够风情迷人，不够俏皮可人，她朴素严谨。一生很短，死亡并不遥远，她每一步都走得很稳健，是山是水还是荆棘，她心一横，往前走就是了。

第十三章

第一次我行我素

释怀·暗香盈袖

张幼仪投奔二哥后，在法国乡下给徐家二老写信，徐父恳求张幼仪留在徐家，收其为义女，每月二百美元解了她异国他乡孤儿寡母的经济危机。张幼仪后来跟落魄的徐志摩说，她认命，这世间就是忍一口气，风平浪静，退一步海阔天空，心很痛的时候，忍一忍，万事都能消除。

幼仪的蜕变是从她离开英国开始的，这是她这辈子第一次违背徐志摩的意思，以自己的决定行事，当然也包括留下腹中的孩子。当她独自前往巴黎与二哥相会，又在临盆前的一个月前往德国，独自在医院生下孩子之时，她的生命正因这些不得不接受的事件而逐渐地转变——这其实是幼仪生命中的痛，有精神上的，也有肉体上的。幼仪在书中透露：去德国是她人生新阶段的开始，在德国，她才得以成为一个独立自主的人。她开始学习德文，并申请了教育的课程。我常常进入幼仪的世界来思考，尝试体会她在德国的日子如何将她一个富家大小姐磨练成一个坚强的单身母亲。我想幼仪不是一到德国就马上转变的，她的转变是逐渐且艰难的——在不得不离婚的状况之下，在不知何去何从的窘境当中。幼仪不同于其他的留学生，能以用一种安稳的心态待在德国读书。幼仪是个离婚的女子，还带着刚出世的小彼得，她甚至不知道自己若回到中国，应该住在哪儿、应该做些什么，而更多的是因为她难以面对娘家人。她没有犯“七出”就“被休”，这让她难以曾经把自己风风光光嫁出的父母，她只有风光地学成后，才能回国。这是张幼仪尊严的底线。

我想，幼仪不是因为一离了婚，就成了新潮的人；更不会因为离开徐志摩，即刻就成了独立而无所惧怕的女子。在德国的开始，一切对于她来说还是如此的陌生，但到了这个地步，她明白除了靠自己站起来，没有人帮得了她。而这也仅仅只是生活上的层面，幼仪更需要去面对观念上的改变，而这往往是最大的挣扎之所在。当徐家的老太太来信要她回国时，幼仪无法回信跟他们解释自己为何无法回去，无法说明徐志摩的内心，更无法说清楚她虽然不回国，却并未丢下他们的现状。当幼仪的四哥写信告诉她，在离婚后的五年中不能叫别人看见她与其他男人同进出，当老太太跟幼仪提到，她永远是徐家的媳妇，愿意收她当干女儿的时候，幼仪在观念上面临了最大的考验——在关系上，幼仪有绝对的权力来决定她的何去何从，但在情感上，她抛不下这一切。幼仪更无法轻言抛弃的是已然在她身上、在她本质中的传统观念，中国千百年来一个女子应有的德行和品行。即便她读过新式的师范学校，即便她出过国，成长中、生活中无时无刻的教导和影响，却往往更甚于学习，特别是思想上的学习。

有人说，徐志摩读过北大，去过美国和英国，但这些都无法说明他在观念上已做了本质上的改变，也正因为未有本质的改变，这个悲剧才会酿成。也许，不是没有转变，可以理解为任性的知识分子的改变，因为徐志摩有他的优越感，他首先是位男性，他在旧社会有优于第二性的优势，他家境优越，同时又才华横溢，他在那个时代有话语权，而张幼仪没有。徐志摩接受的是西式教育，他是个摩登的人，他厌恶婚姻，嫌弃一切中国老旧的传统。对于他所谓的浪漫主义，梁启超曾经质问他："你的人生里难道就只剩下爱情了吗？不要因为这个而蹉跎了岁月。"

张幼仪从一个顺从的女儿、媳妇，到后来依着自己的想法做抉择，这是她最大的转变。这是个非常不容易的转变，幼仪对抗的是原本在她心中、在她生活中无形的那把尺，是她原本未曾怀疑过的标准。幼仪想要转变，得先以怀疑的心情来面对，更需要学习以不同的方式和标准来下任何的决定。这首先考验的是她心中以为正确的一切标准，这样的过程，幼仪在书中仅花了一小段篇幅描述，但我认为这其实是最难以表达和言说的部分。蜕变往往是一个过程，很难以方程式的形式来加以说明。怀孕八个月的时候，张幼仪随七弟张景秋前往德国。1922年2月24日，她刚生下二儿子彼得，徐志摩托人送来的离婚书信就到了。在张幼仪的一再坚持下，她和徐志摩见了面，在场的还有徐志摩的同学金岳霖、吴经熊等人。徐志摩拒绝张幼仪先征求父母意见再谈离婚的请求："不行，不行，你晓得，我没时间等了，你一定要现在签字……林徽因要回国了，我非现在离婚不可。"直到此刻，张幼仪才知道徐志摩爱的是林徽因。在离婚协议上签字后，张幼仪以在新婚之夜没能用上的坦荡目光正视着徐志摩说："你去给自己找个更好的太太吧！"

徐志摩欢天喜地地向张幼仪道谢，并提出要去看看刚出生的孩子。张幼仪晚年释怀地回忆说："他在医院育婴房的玻璃窗外看得神魂颠倒，但始终没问我要怎么养这个孩子，要怎么活下去。"

在巴黎投靠二哥张君劢期间，张幼仪给徐家二老写信，告知自己已怀孕并想读书，徐申如从此按月给她二百元美金。在德国，张幼仪用这笔钱支付学费连同生活费。她雇了一名维也纳女子当保姆，并在保姆的帮助下，申请进入裴斯塔洛齐学院攻读幼儿教育。

张幼仪是上海富豪的女儿，几个哥哥弟弟都是民国时期政治、经济、社会等各个方面非常优秀的领导人，所以她不允许自己堕落。可是她没有了爱人，孩子没有了父亲，这些是娘家和金钱能给的吗？有失必有得，她只能想开来。一直到小孩得病去世，徐志摩才内疚地赶过来，说了声"对不起"。

其实，鲜有人知道，幼仪是中国第一位女性银行家。1922年，凌淑华考入燕京大学预科，很快升入外语系本科，英、法、日语一起学习，如诗如画的燕园赋予了她灵感，这一时期她也经历了思想上的觉醒，与徐志摩有了一段传说中暧昧不清的友谊。后来，按照凌淑华这一类人的说法，张幼仪不是个才女，也不是张爱玲、冰心这样的女文学家，甚至连偶尔写写小稿的陆小曼都比不上，所以关于她的风花雪月流传下来的很少，很少有人八卦她。通常说起来，她就是徐志摩的前妻，而且是因为老土被抛弃的。

所以，世人大多都信了徐志摩的那句话，都认为包办婚姻女方肯定目不识丁，而且没有灵魂、没有思想，只不过是那些文学家、诗人、伟人人生中一段痛苦的回忆和一块绊脚石。

人生就像一只皮箱，需要用的时候提起，不用的时候就把它放下。应放下的时候，却放不下，就会像是拖着沉重的行李旅行，注定了无法自如。

特立独行·勇者无惧

颓废和奋发是一夜之间的事儿，感情、家庭、孩子，女人的一生不应该只是默默地付出，还应该多少为自己而活。张幼仪的觉醒，来自于骨子里渴望的那种理想的成功：一个体贴的爱人，一个稳定的家庭，一个挺好的孩子。她要创造一个这样的未来。孔子曰：“君子坦荡荡，小人长戚戚。心中若无所滞，处事自然洒脱自如。”

爱情的力量真是伟大。没有体味爱情力量的人，要做到勇敢，需要更大的力量，失望和绝望，如果不能让人死，那么也许就能让人更加无所畏惧、特立独行。人，总要有所信念和寄托，总要找到一个支撑点勇敢地活下去——可能是父母，可能是要出人头地，光宗耀祖，可能是为了某个人，可能是为了爱情，可能是为了自己。一生那么短暂，总要有个信仰、有个梦想。母爱是世界上最伟大的感情，真正的感情是不求回报的，而爱情不同，爱情排他，爱情归根结底是自私的。

我认为有一种蜕变最痛苦的，就是改变自己的本真。张幼仪骨子里其实是有所反抗的，但是她的家教让她选择了做淑女，贤惠勤劳，但她的灵魂其实是飞扬的，只是她没有机会展示。如今生活见了底，她也就无所谓再害怕失去什么了，接下来，往哪个方向行走都是上坡路。张幼仪应该是哭过的，她并不是一开始就那么坚强。等到她六年后，再回到家乡，母女抱头痛哭。当初他们以为自己心爱的女儿选择了一户好人家，结果女儿却要受这般羞辱和委屈，一个不到三十岁的女人为什么要承受这么多，做娘的心疼了。但是张幼仪很平静，她说，离婚不是被休，需要经过她的同意，这是她的命，如果不是离婚，她一个大门不出二门不迈的大宅门媳妇，很难想象可以在异国他乡学完大学课程，可以用德文跟房东太太吵架，可以在世界上自由行走。她成了张家第一个留洋的女儿。

内心强大，就不怕困难，苦难来自外界，坚强则来自内心。回国很大一部分是为了丈夫，徐父要求徐志摩和陆小曼结婚必须要经过张幼仪的首肯，而她低头一笑：我没有意见。她能有什么意见呢？她的意见真的能改变什么吗？伤感改变不了结局，面对自己不能改变的事情，她只能点头。孤独和困难不可怕，可怕的也许是没有希望。张幼仪很清楚，徐家和丈夫不是她的港湾，她从来在这里找不到话语权，她只能另起炉灶，重新为自己和儿子做打算。

徐志摩和陆小曼结婚后，居住在硖石老家徐父给他们准备的二层别墅里。陆小曼在娘家是被娇小姐一样宠长大的，后来跟王庚结婚，王庚父母离世，他常年在忙碌公务，她自由惯了，生活不规律，下午起床，凌晨回家。夜生活惯了的她，对这种婚后的生活“过敏”了。到了饭点，她一小碗米饭需要拨弄半天，胃疼让她没有胃口，徐志摩吃她的剩饭。她没有裹脚，但是上楼需要徐志摩背。她半夜和徐志摩卿卿我我，让隔壁的公婆寝食难安。婆婆感到这个大家庭不和谐了，他们需要张幼仪这样的润滑剂，不是陆小曼这样的烈酒，他们需要的是一日三餐一样平平淡淡的白开水。

张幼仪遵从了徐家父母的要求，和公婆过了徐志摩结婚后的第一个春节。其实，她只是包容罢了。后来徐家双亲又回上海徐志摩的住处时，张幼仪明白，她毕竟是徐家的前任儿媳妇，义女也终究不是女儿，而徐志摩却是真真实实的他们唯一的香火。就算是儿子和儿媳有千百个不是，终究关起门来，他们还是一家人，而自己是个外人。正因为一直清醒地知道自己的位置，所以张幼仪才在规矩和客气中维持了一段佳话。

第十四章

孑然一身在德国

一场季风的守候

每一件事情都需要时间来成长。张幼仪相信，只要虔诚等待就一定可以等来花开。虔诚地等待，播种下种子，然后等待花开。时间若是没有到，什么也不会发生。

1924年，张幼仪没有颓废，雇了保姆，自己刻苦学习德文，进入裴斯塔洛齐学院攻读幼儿教育，拒绝异性追求，洁身自好，独自抚养彼得。彼得夭折后，她收起怨恨，起身上路，德国的孤苦无依和韬光养晦，为她回国大显身手积蓄了资本。1926年夏，张幼仪被八弟张禹九接回上海，不久她又带长子阿欢去北平读书，直到张母去世，她携子回沪。经时张嘉璈已经是中国银行副总裁，并主持上海各国银行事务，而徐申如也把海格路125号（华山路范园）送给张幼仪，使她在上海衣食无忧。

而且，徐家二老待幼仪胜过亲生女儿，为了表明诚意，徐申如将家产一分为三：儿子徐志摩和陆小曼一份，孙子徐积锴和张幼仪一份，他们老两口一份。实际上，自从幼子彼得在柏林夭折后，徐志摩也开始对这位脱胎换骨的“乡下土包子”刮目相看。

张幼仪与徐志摩离婚后，在柏林求学期间，曾有适龄男子追求她，她的回答很简单：“我还不想结婚。”那时，四哥张嘉璈告诫她，为了保住张家的颜面，她在未来五年里都不能叫别人看见跟某个男人同进同出，以免别人认为徐志摩与她离婚是因为她不守妇道。不公平的是，张幼仪如此严格自律，徐志摩那边却变本加厉地风流快活，他失之东隅，收之桑榆，没有追到林徽因，却追到了陆小曼。

陆小曼的父亲叫陆建三，是中国早期的留日学生，北洋政府时期，在财政部当过赋税司司长。那是个很有权势也很有钱的职位。陆小曼在少女时代，受到了很好的教育，在北平的法国圣心学堂念书，是学校的“校园皇后”，家里又请了英国女教师专门教她英文。她天生丽质，俊俏可爱。她十七八岁的时候，就已经是北平社交界的名媛了，很多外交场合都邀请她出席。

陆小曼是个交际花，生活奢华，出入社交场合，在学校期间被外交部选中成了北平名媛。后来，胡适评价她是北平城一道不可不看的风景。看后来徐志摩的书信，常有劝陆小曼节俭度日的话。很多人都同情徐志摩而责怪陆小曼，说如果陆小曼勤俭过光景，徐志摩就不会那么疲惫地北平到上海飞来飞去，也就不会坐飞机遇难了。这样说是没有多少道理的。飞机失事，谁也料想不到，就是小曼再节俭，徐志摩只坐一次飞机，也有可能遇难。名媛就犹如名花，是要人供养的，也就是说，像陆小曼这样的女人，本质上就要破费钱财的。这个在他们确定结合的时候，就要有心理准备。当然作为一个妻子，她也有义务去了解自己的丈夫，做出一些改变。这才是两人结合的意义，而不只是卿卿我我和谈情说爱。

徐志摩追求的理想爱情，在现实生活中遭遇了寒冬。而张幼仪不同，她只活在当下，她等待而沉默。梁启超在徐志摩和陆小曼的婚礼贺词上讲：徐志摩性情浮躁，以至于学术上一事无成；用情不专，以至离婚再娶。而张幼仪不同，她的等待很慢，细水长流，慢成了一生。

张幼仪不同于其他的留学生，她得用一种安稳的心态待在德国读书，因为她是一个离了婚的女子，她必须比常人多付出上百倍的努力，以期换取一分的收获。也是在那段时间里，张幼仪的干练、坚强渐渐显露，她重新找回了自信，找到了人生的支撑点。去德国以前，她凡事都怕；到德国后，她变得一无所惧。

德国五年，张幼仪如凤凰涅槃，浴火重生。

1926年夏天，八弟张禹九接张幼仪回国。与此同时，抛弃妻子的徐志摩并不好过，陆小曼挥金如土，还和翁瑞午闹出绯闻来，被小报记者传得沸沸扬扬，官司不断。徐志摩疲于奔命地讲课赚钱，终于还是和陆小曼大吵一架后因飞机失事死去。就在这对著名的才子佳人纠缠于乱糟糟感情中时，张幼仪创办了中国第一家女子商业银行，出任副总裁。她把办公室设在了银行大厅，职员的工作效率大大提高，让濒临倒闭的上海女子储蓄银行起死回生。

自此，张幼仪一生的事业，达到了顶峰。

至善圆满·本心

王阳明说："人胸中各有个圣人，只自信不及，都自埋倒了。"信念人人都有，这是一种不假外力的内在力量，怎样做，最可靠的还是听从自己的内心。张幼仪跟随自己的内心，意志坚定，坚持自我，特立独行，不断修行，终究至善圆满。

有人说，要把生命浪费在美好的事物上。1902年，二十七岁的诗人里尔克应聘去给六十二岁的雕塑大师罗丹当助理，却看到罗丹竟是一个整天孤独地埋头于画室的老人。他问罗丹："如何能够找到一个要素，足以表达自己的一切？是什么让某些人变得与众不同？"罗丹沉默了片刻，然后极其严肃地说："应当是工作，只有工作。还要有耐心。"年轻的时候，我们总想着一夜成名，张爱玲说过："出名要趁早，来得太晚的话，快乐也没有那么痛快。"这句话其实耽误了很多人。如果人生是一次马拉松长跑的话，那前一千米是否跑第一就没有那么重要了。张幼仪很明白，她人生的重点在于做事业，脚踏实地做个实干家。

晚年她写信给儿子，说想要找个老年伴侣。她这一生，就算是再次婚嫁，也是在公婆和父母去世后，丈夫死后，儿子也都结婚后。然而，她的哥哥们，却还是难以果断地下决定。人生走走停停，就是一场经历，很多人一辈子都在改变上挣扎，这种挣扎就像起床前的难受，毕竟被窝里太温暖了，睡着的姿势太舒服了。很多人其实知道希望在未来，就像陆小曼吸食鸦片后，徐志摩多次劝她鼓起勇气戒掉，重新开始新的生活，为了他们的未来。然而，陆小曼终究为了所谓的身体要舒服，没有戒烟。未来太遥远，她迷恋于当下她那个舒适的交际圈，她那么聪明，应该不是眼光不长远，只是眼光在未来，人的脚步却永远在近旁，她走不到她的未来去。

而张幼仪不同，她没有舒服的环境，永远在居安思危，所以卧薪尝胆的日子练就了她一身独立自强的本领。有人说，吃苦的人，没有悲伤的权利。我想，当生活的离别和悲伤成为习惯，人应该也会产生免疫力的。

张幼仪很明白，她的丈夫从来都没有给她写过一首美丽的诗，他在她身上找不到感应的磁场，他们没有对流的灵感。这也注定了她的圆满只能从脚踏实地中求得。顾城曾经说过：“你不愿意种花，你说，我不愿意看见它一点点凋落。是的，为了避免结束，你避免了一切开始。”张幼仪在没有自由中寻求自我，在没有开始中继续行走，然而她走出了一个实实在在的人生。她在马拉松赛场上，是最后那个扬起胜利旗帜的胜利者。

第五辑

暖夏·风生水起·惊艳华丽转身

第十五章

名噪一时的上海滩第一女银行家

赌注·上海滩的实干家

岁月本不会相欺，是我们支付了太多美好，又不愿平和对待，所以才有了诸多的不如意。当经历了足够多，一定会发现人生其实不必去争，因为有一天会明白，时光依旧锋利如初，而主人公们已经清净如水，从容似风。有欲而不执著于欲，有求而不拘泥于求。活得越平和，就会放下越多，其实当万水千山走遍，才会发现经历的都是拥有的。

1926年夏，张幼仪跟八弟张禹九返回上海。她先是在东吴大学教德语，后来在张嘉璈的支持下又出任上海女子商业银行副总裁。与此同时，八弟张禹九与徐志摩等四人在静安寺路开了一家云裳服装公司，张幼仪出任总经理，这使她的经营能力得到了极大发挥。

1934年，张幼仪二哥张君劢主持成立了国家社会党，她又被应邀管理该党财务，一时威风八面。抗战爆发后，张幼仪又囤积军用染料，大发了一笔横财。起先，张幼仪帮助公公徐申如理财，十分得力，也算是磨练了基本功。1927年，张幼仪收到邀请，出任上海女子商业储蓄银行副总裁，她的人脉资源和四哥的照应是她出任此职的硬件。她每天上午九点整准时到银行办公室上班，她的办公桌摆在最后头，整个银行的状况一览无遗。有人开玩笑说，她这种分秒不差的守时习惯是从德国哲学家康德那儿学来的。除了负责银行的经营，每天下午五点，她还要补习一个小时的国文。六点钟，她再到云裳时装公司打理财务。张幼仪很有经商理财的头脑，在大风大浪的股市里赚了不少钱，然后在家附近建新房给徐志摩的父母住。她还炒作过风险更高的棉花和黄金，同样获利。由于张幼仪为人极守信用，战时女子储蓄银行竟然撑过了一道又一道难关。

未来不迎，过往不恋。当下的每一个瞬间都是生命的唯一瞬间。活好了当下，就活好了一生。回国前，张幼仪觉得德国其实已经没有什么好留恋的了。她在这里，已经完成了一次炼狱，已经练就得百毒不侵、刀枪不入了。那时期银行是一个烂摊子，亏损不说，银行借出去的外债大都是死账坏账，急需大批资金投入。在国外的经历告诉张幼仪，女人藏私房钱很重要，所以她把目光放在了那些小姐、太太身上，她鼓励她们把首饰存在银行，渐渐地，危机也就解除了。也是从这儿，张幼仪的生活才算是开始。有人说，她是在做给徐志摩看，让他知道她不仅不是“乡下的土包子”，而且还引领着最时尚的上海滩。其实，当忙碌充实了生命，那些别人的眼光和评价就都不会关注了，只有弱者才会在乎别人的说辞，强者从来都只活自己，现在的张幼仪就是一个完全崭新的自己了。

徐家二老很喜欢幼仪，甚至说他们一直就只认她这一个儿媳妇。在徐志摩娶了陆小曼后，二老似乎更依赖她了。徐志摩和陆小曼的自由恋爱婚姻，在现实面前遭遇了滑铁卢。张幼仪心疼徐家二老，二老想跟她一起生活，她就把他们接到了北平，生活终于恢复了平静。还有一件事情，出乎了张幼仪的意料，就是徐志摩在陆小曼沾染上鸦片后，竟然给她寄来了一封信，抱怨自己生活的苦恼。1931年，徐志摩飞机失事后，张幼仪是伤心的，她没有看到他的忏悔，也许她内心是有所期待的，等待他的最终后悔，后悔放弃了这样一个真正爱他的女人。但是终究她又帮徐志摩主持了这场葬礼，在这之前，徐家的事情也主要是她在打理。

张幼仪骨子里是传统的，徐志摩是他的丈夫，她就要担起夫家的责任。女人，如茶，可以细品；男人，像树，需要依靠。徐志摩从未曾让张幼仪依靠过，她却一直把自己当作徐家的第一夫人。人生未来无法预见，女人花期不可挽留，滚滚红尘之中，没有永不凋零的花，也没有永不老去的红颜，一生来去，女人懂得自立、自强、自尊、自爱，懂得用坚毅和微笑作笔，懂得为枯山描绿，懂得为忧伤筑堤，懂得面向暖阳，懂得删繁从简，如此就一定能够把每一个平凡的日子都梳理成浪漫的诗歌。

1949年，张幼仪定居香港。

在香港，一个小她三岁、善良潇洒的医生——苏季子走进了她冰封的世界。慢慢地，她的心融化了，她的爱复苏了。1953年8月，孤单漂泊了三十一年的张幼仪与苏季子在日本东京银行大街一家大酒店举行了一场盛大隆重的婚礼。五十四岁的新娘淡雅的脸上洋溢着幸福的红光……

也许冥冥中，徐志摩那单纯热烈的人生观感召着她——为了爱，一切都是值得的。

心向向日葵

有人说：喜欢向日葵的人，心里都住着一个太阳；喜欢阳光的人，都悲观不到那里去；乐观向上的人，总有好运气。然而这毕竟是一个现实的世界，人们总在用内心的尺度丈量着这个外观的世界。在这个世上，有些人值得你对他好，有些人不值得。并非所有人都懂得感恩，都懂得你的付出。在生活中，你会发现，对一个人越好，有时候反倒会让人觉得理所当然。相信很长一段时间内，徐志摩是体味不到张幼仪对徐家的付出的，直到他和陆小曼的婚姻中，他的付出也同样见不到阳光，他才明白，很多人像他一样一直在心向太阳，默默付出。

人和人的感情，有时候就像在织毛衣，建立的时候一针一线，小心而谨慎，拆除的时候只要轻轻一拉，所有的感情就再也不见了。朋友不在多，贵在风雨同舟；情不论久，重在有求必应。所谓情真，只要你要，只要我有，只要你需，只要我能。所谓情义，不是得意时的花言巧语，而是关键时刻拉你的那只手。回忆张幼仪的一生，每次面对徐家，她似乎永远都在点头。徐志摩说求学读书有乐趣，她就求二哥和公公放飞了自己的丈夫；后来公婆让自己去英国陪读，她就漂洋过海来到了伦敦；丈夫移情别恋，她怀着孩子流落到了法国乡下；在异国他乡，她带着幼子，学习德语和幼儿教育；然而天有不测风云，次子死于腹膜炎，她忍着丧子之痛，继续完成学业，回国后依然侍奉双亲公婆。

无怨无悔，一心一意。其实，一生的时间并不长，不必把太多的人请进生命。现在很多人，就像洗衣服一样把自己扔进染缸，每次洗涤，都换了一个颜色，难得从一而终。遇到爱自己的人，学会感恩；遇到自己爱的人，学会付出；遇到恨的人，学会原谅。晚年，张幼仪去看病重的林徽因，哪怕无言以对，其实在她看来，早就已经是一种宽恕了。遇见恨自己的人，学会道歉；遇见嫉妒自己的人，学会低调。张幼仪一生为人严谨，做人低调，遇到自己嫉妒的人，学会转化。张幼仪曾经很长时间内为自己不能去读丈夫喜欢的女人读的那样的学校而耿耿于怀，但是显然，她后来已经从这种自卑和仇恨中解脱了出来。遇到不懂自己的人，学会沟通；遇到自己不懂的人，学会理解。张幼仪后来跟徐志摩成了好朋友，她曾说，如果早些年是这个样子该有多好。在她还是他妻子的时候，她不敢表达自己，她从来未曾让丈夫懂得自己内心的渴望。

生命兜兜转转，本来就是一场无常。当明白了人生的无常，就不会轻易张扬，张幼仪出场平凡，但是她刻苦勤奋，风光之时，她也战战兢兢，她明白，今日华丽风光，明日可能浪迹一场。她也从来不曾悲伤，她知道，就算是现在愁云惨淡，但终究有一天会云淡风轻，漫天阳光。人生得失，有时候不过是烟花一场。

第十六章

叱咤上海滩二十年的女强人

女人四十

1928年，张幼仪已经是上海滩赫赫有名的“三主”女强人、严谨的企业家。为了让上海女人更美丽，她又创办了“云裳”服装品牌，担任总经理。与此同时，她大做股票交易，一路飙红。1934年，二哥张君劢参与领导的国家社会党聘请她去管理财务。抗战爆发，她又囤积军用染料，大发横财。

张幼仪似乎很有经商头脑，在股市里赚了不少钱。有种说法，她和徐志摩离婚后，通信不断，感情反而比结婚时好，并且她还不时接济徐志摩。徐志摩和她的通信，基本上都是事务性的。徐志摩从她那里拿钱，也不能说是张幼仪在接济徐志摩，因为云裳时装公司是张幼仪八弟和几个朋友一起开的，徐志摩也是股东之一。而且，徐父后来几乎将产业全部交给张幼仪打理，张幼仪即便给徐志摩钱，也只能说是在做徐父和徐志摩之间的经手人罢了。张幼仪承认，和徐志摩的离婚，使得她脱胎换骨，找到了自我，她曾经说：“在去德国之前，我什么都怕，在德国之后，我无所畏惧。”

生命的真谛是什么？女人四十，应该拥有自己的第二青春，她有稳定独立的事业、稳健的家庭朋友圈子，还有岁月流逝后一份洗尽铅华的淡然。四十岁的女人，已经不再幻想浪漫和热情为底子的日子，她们明白了生活的真谛是平平淡淡，习惯在平淡的日子里品出真真切切、实实在在的快乐和幸福。这个年龄的女人应该有了沉淀而来成熟和韵味，也真正可以处理好爱人和被人爱的关系，真正读懂了社会，读懂了家庭，也明白了自己的价值。

无怨无悔·任凭风吹雨打

爱情就像一杆秤，站在两头的是两个砝码，双方总有一方付出多，一方付出少。有时候，爱情又像旋转木马，相互追逐，无悔付出的一方，不一定痛苦，总是接受的一方，也不一定知足。张幼仪在与徐志摩的两性关系里，她是负的，徐志摩拿走了她太多的能量，然而她依然没有枯竭，反而更加坚强，练就了一身坚强独立的本领。陆小曼吸附了徐志摩所有的精华和能量，但是她依然饥渴，依然失去了光泽，不再光彩照人。这就像一张银行卡，其实付出就是存款，有一天取出来的将是累积的额度，而一味地透支，终究有一天会人财两空，爱情也会在疲惫的经济基础中糜烂枯萎。

有情饮水饱，可是只饱一顿。真正历练人、让人独立的还是人生中的那些不如意。真正感动人的爱情是一心一意，一辈子没有红过脸而又平平淡淡的。张幼仪，她不是徐志摩遇到的女子里最浪漫的，但是她知道，努力陪伴才是真，陪伴着徐志摩的父母家人，陪伴着他们的儿子。她知道，陪伴和付出才是真的，她难以理解，陆小曼爱徐志摩，但却那样挥金如土，让徐志摩疲于奔命，最终身心俱疲，死于意外。她也难以理解，一个真正爱自己男人的女人，会拒绝认领丈夫的尸体。爱的里面有自由，有宽容，有理解，更应该有责任。相比林徽因，张幼仪也难以理解，如果她是真的爱徐志摩，她不会在志摩离婚后，嫁给了梁思成。她们爱志摩，也许都爱得没有张幼仪那么深沉。

其实人这一生很难圆满，总有人说你好，也总有人说你不好。张幼仪一直小心翼翼、战战兢兢，她的理性和规矩自始至终赢得了公婆的欢心，但是对于热情洋溢的丈夫，她过于呆板、缺少情趣。张幼仪没有迎合，在那个以夫为天的旧时代，能够活出独立的、自我的模样显得非常难得。她没有执着于丈夫的评判，因为她无需别人的眼神，所以不必一味讨好别人，那样，会让本来就已经不堪重荷的她更加窒息。当年，她没有触犯“七出”而被徐志摩休掉并昭告天下，她也没有关注世人的言语，她相信时间会给她一个公正的评判，她并没有错，所以也没有义务接受这份屈辱。好在她没有因此而沉沦和烦恼，更没有因此而心乱，她脚步清晰，像一座山一样在那里，任凭风吹雨打。她坚定地告诉世人，女人无论生在一个什么样的时代，遭遇了什么样的婚姻，都一样可以坚强自爱。

第十七章

离婚不离家

不忘敬畏

在徐志摩、陆小曼结婚后，张幼仪依然照顾徐家父母。1931年，在徐母重病后，她还以义女身份操持徐家家政。其间，她婉拒了清华才子罗隆基的追求，精心为婆婆办理了丧事。1931年8月，徐志摩到北平教书。11月19日，徐志摩在济南附近党家庄飞机遇难，张幼仪派十三岁的阿欢与八弟料理前夫后事，后又主持了徐志摩的葬礼。

1926年10月，徐志摩与陆小曼在北平的北海公园举行婚礼，婚后他们回到海宁硖石，与徐志摩的父母同住。陆小曼不拘小节的浪漫狂放，令徐家父母深恶痛绝。一个月后，徐家父母离开家乡，到北平投奔张幼仪，他们把张幼仪当作养女，也当作心里的儿媳。

我喜欢她回国后对待徐家二老的态度，在徐大诗人财力吃不消的时候，她这个前儿媳给两位老人风光体面地办理了后事。我也喜欢她在威风八面又发横财且辉煌地到了晚年的时候，还时刻记得自己应该是个遵守三从四德的女人。

在家从父，她嫁给了贪图她家政治地位的徐志摩；出嫁从夫，她很果断地在徐志摩变心的时候签了离婚协议；夫亡从子，她在五十三岁那年遇上一个对她好的男人，准备再嫁的时候，写信给在美国的大儿子，她说：我是个寡妇，应该听我儿子的话。

我总觉得，人是应该有所敬畏的。哲学家康德曾经说过，让他敬畏的是心中的道德律例和头顶的一片蓝天。张幼仪，她自立自尊，从不依靠任何人，维护了自己作为一个女人的最后一点尊严。她敬畏封建礼教，尊老扶幼，一生讲求奉献，她的一生在最风光的中年也没有得意忘形，始终遵规守纪，尽职尽责，一生都规规矩矩，不曾做任何出格的事儿。

触痛·与众不同

股市中有一个定律，下跌带来的疼痛感，往往是上涨快感的2.5倍。张幼仪是真正痛过的，这种痛带着一种屈辱和绝望，因为她不知道自己错在了哪里。但是很快，她的清醒温和却深刻。她明白，这是命，她没有错，但是她的命让她必须要接受屈辱。同样，这份巨痛之后，她一定会迎来与众不同的新生。

有人说，女人一定要有五样东西：扬在脸上的自信、长在心底的善良、融进血里的骨气、两侧外泄的霸气、刻进命里的坚强。张幼仪的沉默，带着一种大道从简的简单。人生之苦，苦于繁忙，忙财富，忙名利，忙争抢，忙计较得失荣辱，其实挣来抢去终究是空。简单的人，随遇而安，反而在平安中得到一份祥和，不会最后落魄孤独，以至于像陆小曼一样为柴米油盐而忧愁。

张幼仪其实没有什么卓越的才华，论外貌颜值、知性优雅不如林徽因，娇憨妩媚不如陆小曼，才情灵气不如她们俩，但她却脚踏实地地收获了一份事业和财富。归根结底，她不曾负过任何人，如梁实秋所说：“她是一位非常有风度的少妇。”做人的成功，在于她没有舍弃那份真诚，她输掉了爱情，但是终究没有输掉自己的良心和感恩。她清楚地知道，谁对她好，她人生有尺，做人有度，她掌握不了命运，但却掌控了自己。她走过的路、品过的苦都是她宽容和仁慈的尺度，她最终收获了别人的尊敬。

女人活着应该有自己的一种姿态，可以像陆小曼一样百般娇媚、性感妖娆，也可以如林徽因一样知性优雅，可以像张幼仪一样贤惠实干，但是唯独不能失去了女人的本真和对生活的希望。你是什么样人，就会吸引什么样的人。爱情，是同样磁场的吸引力的如期而至。抱怨，注定会让美好的东西绕路离开。女人可以不美，可以不媚，但是不能没有自己的味道。晚年的张幼仪是非常有魅力的，很多优秀的男人都曾经追求过她，其实人最大的魅力是有一份阳光的心态。韶华易逝，容颜易老，浮华也终究变云烟。心无所求，便不受万象牵绊；心无牵绊，坐也从容，行也从容，故生优雅。张幼仪是干练的、雷厉风行的、务实的，她不害怕付出，因为那是她本身就拥有的持续更新的东西。她一瞬间便明白了这个世界的真相——只能为自己而活，但是要替别人着想。她瞬间原谅了这个时代，她这一生从不计较，纯真简单地坚持了一辈子。

第十八章

静见徽因·送你一程

爱无言·似水无痕

1947年，儿子赴美留学，在哥伦比亚大学攻读经济和土木工程。张幼仪到北平参加朋友婚礼，林徽因病危，她带着儿孙见了林徽因唯一一次面。相见，无声胜有声。张幼仪说："我不晓得她想看什么，也许是看我人长得丑又不会笑。"

1953年，张幼仪在香港与邻居、中医苏季之结婚。婚前，她写信到美国征求儿子意见："因为我是个寡妇，理应听我儿子的话。”儿子的回信情真意切：“母孀居守节，逾三十年，生我抚我，鞠我育我……综母生平，殊少欢愉，母职已尽，母心宜慰，谁慰母氏？谁伴母氏？母如得人，儿请父事。”阿欢在美国做的是土木工程师，这封信颇得其父风韵。1967年，张幼仪六十七岁的时候，曾和苏医生一起，到英国康桥、德国柏林故地重游。她站在当年和徐志摩居住过的小屋外，无法相信自己曾那么年轻过。第二任丈夫过世后，张幼仪到纽约居住，1988年去世。她是诗人情感生活中活得最长的人。

一个精明、干练、勇敢而没有诗意的女子，和一个浪漫、天真、热情、毫无心机的诗人是走不到一起的。我们难以说清什么是爱，陆小曼和徐志摩卿卿我我、耳鬓厮磨的情欲肉体交欢算是？还是徐志摩与林徽因因距离而产生美的柏拉图精神恋爱算是？还是张幼仪一样，默默努力，成全自己，也成全爱人，付出也也有能力付出，才算是?

一段感情的升起与陨落，皆因缘起缘灭。即使无法与过去握手言和，女人也该有张幼仪一样的姿态与理性，这种气度与担当甚至超越了男人。

言不伤人，她就算与徐志摩离异，而张家与徐家依然交好。君子绝交，不出恶语。试想，当初她跟徐志摩撕破脸皮，不肯离婚，能够改变什么呢？什么也改变不了。所以尊重别人，也是给自己体面。谁都不必去苛责人性，那是人类都无法回避的世俗。拥有七情六欲，这是人类的本能。每个人都曾在失败的感情里劫后余生，爱是信仰，让所有人无畏地穿行于幽暗的人性长廊。

苏东坡曾问佛印："以大师慧眼看来，吾乃何物？"佛印说："贫僧眼中，施主乃我佛如来金身。"苏东坡见佛印体胖，便调侃："然以吾观之，大师乃牛粪一堆。"佛印答："佛由心生，心中有佛，所见万物皆是佛；心中有牛粪，所见皆化为牛粪。"你是谁，你就会遇见谁。你心里有什么，看别人就是什么。离散之后，给各自留一丝颜面，世界才存在基本的体面。即使心有愤懑不甘，也应保持起码的风度。每一个前任，也曾是对的人。

所以，晚年的张幼仪保持沉默，真正地爱过、付出过，所以也真正地痛过、挣扎过。如果说前任是牛粪，那么很不幸，自己就会是那吃过牛粪还在里面打过滚的人。有首歌里唱："如果没有分离背叛的丑陋，怎么算是真爱过。"即使经历过分离背叛的丑陋，无论还有多少埋怨和忌恨，都应洒脱放手，甘愿沉默，留有余地，对彼此的隐私守口如瓶，才配说自己真爱过。如他抛一根长矛，你马上刺出一把利剑，在这场厮杀里，短兵相接，双方只会血肉横飞，没有输赢，不得善终。

但是，真正心动的爱情，应该是无言的，难以用炽烈的言语来表达。如果表达的话，如张爱玲所言，爱情没有那么复杂，其实来来回回就那么几个字：我想你、讨厌你、你好吗、对不起、算了吧。

徐志摩遇难后，陆小曼就再也没有去过任何交际场合，她不再化妆，不再去交际，素面朝天地为丈夫守节。一个活泼的人变得沉默，是一种蜕变；像张幼仪一样，一个顺从的人，变得有主见，敢于反抗，也是一种蜕变。张幼仪很少说话，如儿子阿欢信中所言，母亲这一生，殊少欢愉。真正爱上一个人，应该是变得富有同情心，应该会不再粗枝大叶，应该会不再那么没心没肺，开始变得敏感、变得脆弱、变着缜密。然而这世上，没有一种优雅，不需要大度来成全，给自己留下喘息的缝隙，也给彼此退让的空间。此去经年再相见，才可能相逢一笑，泯掉所有仇怨。

每个爱过我们的人，都给过我们最温暖的期待。每个我们爱过的人，都教会了我们如何爱人。当爱情逝去，无需计算得失，也不必试图讨回公道。沉默是一种气度，也是另一种自保。而那些无怨无悔付出过的爱，是岁月长河里永恒闪耀的星辰，是我们自己给自己的一个交代。

造化·人生帷幕

人生如戏，我们每个人都是戏子，穿着不同的戏服在舞台上演话剧，出场的时候，我们被安排了角色，但是上了台，我们就成为自己的导演，可以改变台词和结局。

张幼仪，她是著名诗人徐志摩丰富多彩的感情生活中最早的输家与最后的赢家，尽管她流传于世的故事比不得林徽因、陆小曼那般精彩，但她却是争议最少的一个。爱情是不论人品的，人品高级的女人，爱情上也许会被无情抛弃。但是，一个有品格的人，一定是一个坚毅、坚强的人，一定可以战胜苦难，迎来幸福。

这个名为张幼仪的女人，十五岁时做了徐家的媳妇，举止端庄、沉默寡言，公婆觉得有了她，简直是自家祖坟冒青烟，老公却视她为“乡下土包子”。她身上有与自己年龄完全不般配的成熟，平日里话不多，一旦说起话来，必定深思熟虑、落地有声。别说是诗人，即便是普通的男子，对于这种姐姐式的人物想必也是敬畏大于疼爱的。晚年的张幼仪，在回忆第一次见到徐志摩与陆小曼亲昵的样子时，酸溜溜地说自己不是有魅力的女人，言语中透着一个女强人、女家长不由分说的自以为是。的确，她是姐姐，是商人，是母亲，是媳妇，却不是太太。坚毅这个美德注定了她是一个不需要被男人保护的女人，这自然算不得什么缺点。但是，徐志摩不喜欢她，当然不一定是因为徐志摩生性风流浪荡，只能说明他们天生的气场不合。

“我这一辈子，从没有对任何人说过我爱你”，谈到是否爱徐志摩，她如是说。“中国家庭之间的关系非常重要……你来跟我说晚安的时候，偶尔会在我允许你离开之前，先掉头走掉，这样子很糟糕……”教育生在美国的侄孙女时，她如是说。在仅存的几张年轻时候的照片中，她穿着洋服，戴着阔边的圆帽，眼睛很大，长得并不丑，但是她深情拘谨，似乎不会笑。她并不迟钝，但是缺少一份灵动，陆小曼的眼睛是发光的，林徽因的眼睛像一汪清潭，只有她的眼睛似乎在躲闪，也许是因为没有别人欣赏，所以它是没有生命的。

张幼仪被甩，不是一个欺强凌弱的强男子甩了手无寸铁的弱女子，而是一个天性敏感脆弱的弱男子离开了精明干练、手腕超强的强女子，这样的抛弃不可原谅，也有一些复杂与无奈。徐志摩与张幼仪离婚后，徐父坚持每月邮寄二百美金供幼仪在国外读书，这些钱在当时足够一个女子带着儿子生活得很滋润。待她回国以后，又将上海的房子赠予幼仪，并认她做干女儿。对于一个已经没有关系的人，徐家连分遗产都有她的份儿，可见她的人品和在徐家的地位。

这个时候的张幼仪明显比陆小曼活得滋润许多。后者虽然得到了爱情，却始终生活在前妻这个巨大的阴影中。如果说结婚要丈夫前妻首肯，公公婆婆宁愿与丈夫的前妻住在一起，都不算什么，那公公婆婆宁愿把钱给丈夫的前妻也不愿意给自己，这又算什么呢？从这个角度来看，徐志摩婚后为了赚钱奔波于京沪之间，最终命丧黄泉，与这个家庭也脱不了干系。当然，张幼仪的付出值得这样的待遇。徐志摩死后，徐家授意张幼仪全权处理丧事，并且将家族的全部生意交由她打理，这意味着徐家的财产由她一人独得。

林徽因临死前唯一要见的人是张幼仪，那是她们第一次也是最后一次相见，彼此没有说话。作为另一个领域的精明干练女子，不知林徽因是否一早便预见了幼仪会像一座山，压在相爱的人身上，所以才舍弃徐志摩选择了梁思成？

自然，她是无心的，是想把任何关系都处理好了，却因过于完美与八面玲珑，过于强大与能干，而断了别人的活路。人们习惯于夸大爱情所带来的幸福与失爱所带来的痛苦，尤其想当然地以为，爱情是女人生命中唯一宝贵的。一个女人，获得了财富、名声、尊重、长寿，却没有获得爱情，她在大众眼中依然具备可被同情的本钱，于是这个女人轻易便名利双收。

张幼仪是一个因为爱情而名利双收的女子，当人们打着维护传统礼教与社会公正的旗号将她树为楷模时，陆小曼就成了一个可悲却不被同情的反面教材——得到了短暂的欢愉与爱恋，却失掉了大半辈子的尊严与幸福。如此看来，爱情果真是“害人的东西”。

诗人短短的一生中最重要的三个女人中，林徽因活了五十一岁，陆小曼活了六十二岁，张幼仪则活了八十八岁高龄。其实她得到的已经太多，实在是没有什么好抱怨的，上帝从来都公平，不肯偏爱它任何一个孩子。张幼仪晚年的“文人就是这德行”，怨气颇多，其实她对徐志摩是有恨的，这恨来自于她的未满足，她对他其实是有所求的，没有爱就没有恨。她算是商人，一生中唯一没有经营好的就是与所谓文人丈夫的那段姻缘，但这也不算是失败，于她而言，这是一次重生。失爱没有什么大不了，对于精明的女子来说，不过是这扇门关上，另一扇门打开，可悲的倒是那些无视另一扇门的痴心女子。

造化时常捉弄人，命运时常开玩笑。在伦敦的时候，张幼仪可谓身处地狱，浪漫少女林徽因则可谓身处天堂，如今，她来看她，事过境迁，她用自己的坚韧和沉默，扳回了有力的一局叫作尊严的比赛。

第六辑

秋实·晚年得爱·颐养天年

第十九章

迟到的爱情

春暖花开·期许

人生从来都不是规划出来的，而是一步步走出来的。勇敢地去做自己喜欢的事情，剩下的交给时间，哪怕每天只做一点点，时间一长，也会看到自己的成长。不管自己想要什么样的生活，都要努力去争取，就像张幼仪渴望读书，终究在国外得以完成，人生很多时候需要经历才能懂得。只有吃过生活的苦头，经历过许多的事情，加上自己的修养和悟性，才能做到平和淡泊。

关于张幼仪奋发图强的人生经历，她自己说过：“我一直把我这一生看成两个阶段：‘去德国前’和‘去德国后’。去德国以前，我凡事都怕；去德国以后，我一无所惧。”梁实秋在《谈徐志摩》一文中，对张幼仪评价得最为中肯：“她沉默地、坚强地过她的岁月，她尽了她的责任，对丈夫的责任，对夫家的责任，对儿子的责任——凡是尽了责任的人，都值得尊重。”

谁说张幼仪不是才女？她形容自己的一生：“我是秋天的一把扇子，只用来驱赶吸血的蚊子。当蚊子咬伤月亮的时候，主人将扇子撕碎了。”

张幼仪一生恪守中国传统道德，她曾对侄孙女张邦梅说过一句耐人寻味的话：“我要为离婚感谢徐志摩。若不是离婚，我可能永远都没办法找到我自己，也没办法成长。他使我得到解脱，变成另一个人。”她不仅心存仁恕，而且她的悟性也得到了极大的提升。

可悲的是，张幼仪精明干练，长年与算盘打交道，她的爱情以理智的成分居多，缺乏浪漫的诗意，所以徐志摩并不领情。

其实生命就是一种缘分，刻意追求的未必能得到，努力追求的未必能获取。生命中的灿烂，人生中的辉煌，往往都在于不期而遇，就像张幼仪遇到了徐志摩，但是他们都太年轻，还没有学会理解与包容，就像徐志摩说的，他们还没有学会怎么拿捏着做这个夫妻。但是随着年龄的增长，应该学会的是尽心尽力，得到是一种幸运，得不到也是一种幸运，因为尽心，所以总有收获，总有进步。而得失只是一种心境，人生是一场充满期许的缘分，无悔就行。

归宿·誓爱

女人一生不会只经历一次爱情，但归宿却只有一个。张幼仪在五十三岁时，终于找到一个停靠的港湾。“她是极有风度的一位少妇，朴实而干练，给人极好的印象。”正如梁实秋所言，张幼仪并非没人追，刚刚离婚不久，就有一个留学生常来看她，有一天终于开口问她，还打算结婚吗？张幼仪的回答只有一个字——“不。”20世纪30年代张幼仪又遭遇过罗隆基的追求，此人清华大学毕业，也曾赴英美留学。他很会讨女人喜欢，又是送鲜花，又是请喝咖啡，张幼仪一概婉言谢绝。

据徐志摩的侄子徐炎说，张幼仪一直是希望能够复婚的。张幼仪总是把徐志摩的油画摆放在自己的房间里，将关于他的信息压在写字台的玻璃板下面。虽然能干的张幼仪内心明白：只要她愿意，在很多方面，她都可以做得比男人还好，可是一个骨子里传统的女人，还是会把她的第一个男人当作终生依靠。

张幼仪1949年去了香港，认识了她的房客、医生苏季之。这位医生性情温和，谈吐风雅，不料老婆弃他而去，他独自抚养四个孩子。相似的命运让房东与房客惺惺相惜，加上住在一起，宛如一家人，难免日久生情。1953年，苏季之向张幼仪求婚了。张幼仪先后给自己的二哥、四哥、儿子阿欢写了信。二哥和四哥不置可否，只有儿子阿欢的信让张幼仪泪流满面，放下一颗心。信写得通情达理，情真意切，“母职已尽，母心宜慰，谁慰母氏？谁伴母氏？母如得人，儿请父事”。

1953年8月，张幼仪和苏季之在日本东京一家大酒店举行了婚礼，五十三岁的张幼仪漂泊到此，终于找到了一个停靠的港湾。两位历经沧桑的“好”人终于找到了自己的另一半，和美平静地生活了二十年，苏季之因为肠癌先走一步。

人生就是一场体验的过程，经历就好。纵观张幼仪的一生，快乐过，伤心过，也痛苦过；哭过，笑过，顺从过，也努力过。她走过人生最痛苦的七年，回国后，也算意气风发过一阵子，然后又恢复了平静。她的一生，没有做错过什么，可是仔细想想，也许还是有一些错误的。比如说，在错误的时间里遇到了错误的人，不过好在她没有放弃自己，最终还是活出了自己的模样。终究她这一生，不曾长久悲伤。

人生的精彩在于经历，经历是一种思想的提高，是一种生活的提炼，是一种坚强的成长。经历了严冬才知道春天的温暖，经历了失去才能懂得珍惜的可贵，经历了痛苦才能知道幸福的难得。经历了，它就是一生的拥有和财富。

晚年的张幼仪，在回忆往事时说，她把自己的人生一分为二。她的前半生，坚持旧时家庭的三从四德，对公婆尽心服侍，对丈夫委曲求全，却每每受到伤害和不公的待遇；而她的后半生，在经历了离婚、丧子以后，仿佛一夜之间长大了，独自挑起了自己的人生，学会了笑看未来。

其实，对于任何一个女人来说，爱情真的只是生活中很小的一部分，女人能否得到异性的尊重和爱护，很大程度上不在于她的出身、她的丈夫，而在于她能否成为她自己。张幼仪的智慧，就在于她能把生活中所有的心酸和悲哀变成前进的动力，她自信地昂起头，靠着坚强和拼搏，成就了男人都望尘莫及的事业。最终，她赢回了世人的尊重和美满的爱情。与徐志摩的另外两个女人相比，林徽因清秀，陆小曼娇憨，若论才华美貌，张幼仪实在比不上她们，这两个女子轻而易举就得到了爱情和才名，可是最终，她们真的比张幼仪幸福吗？

徐志摩去世以后，陆小曼靠着他人的接济，潦草度余生；而林徽因，死之前还念念不忘，非要见一面张幼仪，这个曾经因自己的出现而伤得体无完肤的女子。她内心不会不惊讶，失去了爱情的张幼仪，竟然可以靠着自己的力量，活得这么饱满热烈，风生水起。这一生，起起落落，兜兜转转，究竟谁比谁聪明，谁比谁幸福？她们心知肚明。

人生就像一本书，既要读懂别人，也要读懂自己。真正的静，应该是生命里的寂然涤思，像张幼仪那样心如止水；真正的动，应该世事路上的毅然前行，像张幼仪所说的，选择也没有那么艰难，是山是水的，走就是了；真正的退，是处世时的自然低调；真正的进，是做事时的泰然担当。

第二十章

真爱过，会沉默

守得云开见月明

张幼仪八弟张禹九的孙女张邦梅在哈佛大学无意中发现奶奶原来是徐志摩的原配，这才有了她和张幼仪1983—1988年历时五年的两代人的陆续谈心。这之后，张幼仪忍辱负重、任劳任怨又自强不息的励志一生才陆续浮出水面。

张幼仪把自己的人生一分为二，“去德国前”和“去德国后”。去德国前，她大概什么都怕，怕离婚，怕做错事，怕得不到丈夫的爱，委曲求全，可每每受到伤害；去德国后，她遭遇了人生最沉重的怆痛，与丈夫离婚，心爱的儿子死在他乡，人生最晦暗的时光，如一张大网，铺天盖地笼罩着她，一切都跌至谷底。伤痛让人清醒，就在这时，她忽然明白，人生任何事情原来都要依靠自己，别人的怜悯搏不来美好的未来。离婚丧子之痛，让张幼仪一夜之间长大，羞怯少女转身成为铿锵玫瑰，就算风雨再大，她也无所畏惧，很快开创出真正属于自己的精彩。

你最爱的人，伤你最深；能伤你最深的，才是你最爱的人。二者何为正解？也许，爱与伤害，从来都是相伴而生的。忘记一个伤害你的人，重新建筑感情世界，需要多久？告别徐志摩三十多年后，张幼仪于香港再婚。晚年的张幼仪来到美国，在儿子附近住下来，开始规律的生活：每天七点半起床，做完操后吃早餐，一碗麦片粥加一个白煮蛋。平时看看报，走走亲戚，上上老年课程，如德文班、有氧操、编织班之类的。每周还搓一次麻将，允许自己有二百美元的输赢。她的一切还是按部就班、有条不紊。

在关于徐志摩的各种版本传记里，张幼仪的故事只有薄薄的几页；在徐志摩活色生香的感情生活里，她是惨淡、单调的一笔，没有人过多地关注。张幼仪无畏别人的眼光，永远都在拼尽全力地做她自己。她明白，很多人和事，都是她要路过的驿站而已。她不随遇而安，因为她心有所恃；她顺其自然，但并不是因为无能为力。她明白，自己的所有经历，都是觉悟的必经之路，都是帮助她寻找永恒、快乐、真我、纯净的良药。

藏·式微

像一首歌中所唱的："得不到的永远在骚动，被偏爱的都在有恃无恐。"张幼仪晚年一直沉默着，从不向别人披露那些陈年往事。路不通时，选择拐弯；心不快时，选择看淡；情渐远时，选择随意。有些事，挺一挺，就过去了；有些人，狠一狠，就忘了；有些苦，笑一笑，就冰释了；有些心，伤一伤，就坚强了。

1931年11月18日，徐志摩去世的前一天，张幼仪在云裳服装店里见到他。那天，徐志摩到店里来问一下替他做几件衬衫的事，然后和张禹九闲聊了起来。张幼仪这才知道，他是11月11日从北平到上海的。因为家里入不敷出，他定居上海后，不得不出任北平大学英文系教授，并在北平一所女子大学兼课，仅1931年春至夏，他南北往返竟达八次之多。

徐志摩13日到家后，与陆小曼又大吵了一场。吵架的原因有多方面的，徐志摩劝陆小曼到北平去，陆小曼不肯，那是因为林徽因在北平，女人的心里容不得自己所爱的男人有另外的女人。而且，家里的开支越来越大，欠账单也越来越多。徐志摩毕竟是一介书生，不忍撕破脸大吵大闹，只好忍气出走，借探旧访故以消气解闷。14日，徐志摩到刘海粟处，看他海外归来的新作，中午在罗隆基家里午餐，下午又到刘海粟家。

17日，徐志摩准备行李。陆小曼问："你准备怎么走呢？""坐车！""到南京还要看朋友，怕19日赶不到北平。""那我坐飞机……""跟你说多少回了，不许坐飞机！""我喜欢飞啊，看人家雪莱，死得多风流。""你尽瞎说。""你怕我死吗？""怕？！你死了我好做风流寡妇。"

18日，徐志摩乘车抵南京，住在何兢武家。他在车上看到报上登载了一条消息，说京津地区正处于戒严状态，列车进京一定极不方便。他原想暂时在南京停留，搭张学良的飞机，但是张学良又不即返。他摸口袋，发现里面有一张保君建送的乘飞机的免费票。保君建是中国航空公司的财务组主任。

晚饭后，徐志摩去找杨杏佛，不料主人不在，他就留下了一张便条，上面写着：

才到奉谒，未晤为怅，顷去湘眉处，明早飞北平，虑不获见。北平闻颇恐慌，急于去看看，杏佛兄安好。

志摩

这张便条后来竟成为徐志摩的绝笔。“虑不获见”不知是不是徐志摩的第六感觉，果然从此永远不能再相见了。

然后，徐志摩去了张歆海、韩湘眉的家，等了一会儿，主人回来了，杨杏佛也一起来了。徐志摩临走时，忽然转过身来，像长兄似地轻吻了韩湘眉的左颊。没有想到，这一吻也成了永别。

19日早晨8时，徐志摩搭乘中国航空公司“济南号”飞机北上。飞机师王贯一、副机师梁璧堂，都是南苑航空学院的毕业生。他们与徐志摩一样，都是三十五岁。飞机上除运载了四十余磅邮件外，乘客仅徐志摩一人。10时10分，飞机抵达徐州加油时，徐志摩给陆小曼写了封信，他说自己头痛得厉害，实在不想飞了。但等飞机加好油后，徐志摩又坐上了飞机，这时是10时20分。开始时，天气很好，不料党家庄一带忽然大雾弥漫，飞机师为寻找航线，降低飞行高度，不慎误撞开山山顶，机身起火，坠落于山脚。待村人赶来时，两位飞机师都已烧成焦炭。徐志摩座位靠后，仅衣服着火，皮肤有一部分灼伤，但他的额头撞开一个大洞，成为致命伤，又因身体前倾，门牙亦已脱尽。当晚，细雨霏霏，似乎是在哀悼天才诗人的早逝。

就在徐志摩去世的当天晚上，张幼仪因到朋友家中打麻将，回来得很晚。睡到半夜，她迷迷糊糊中似乎听到有敲门声，打开床灯，看看表，才凌晨一两点钟，心想，这会儿怎么有人来敲门呢？过了一会儿，又有一阵轻轻的敲门声传来，张幼仪说："进来。"

推门进来的佣人告诉她，大门口有位中国银行的先生要见她，那人手里还拿着一份电报。

"快请进。"张幼仪一边说着，一边起来穿衣服。

张幼仪到了饭厅，请那位先生坐下，接过电报就看了起来。电报上很简单地说了徐志摩因为飞机失事，已在山东济南身亡。张幼仪想起那天下午，徐志摩到服装店里来的时候，他说他得马上赶回北平。张幼仪说，干嘛这么着急，第二天也可以走的，而且觉得徐志摩不应该搭乘中国航空公司的飞机，即使是免费的。可是徐志摩听了后，笑了起来，说他不会有事情的。俗话说：不怕一万，就怕万一，结果……后来张幼仪听说，徐志摩赶着去北平，是为了参加林徽因的一场建筑艺术演讲会。你看，又是为了她……

爱人的心是玻璃做的，既已破碎就难以再愈合。的确，当爱已成往事，当一切已成定局，挽留真的是很无力的。此刻，张幼仪对徐志摩的感情，说不上是爱，也谈不上不爱，而是同情和怜悯。

“我们怎么办？”那人见张幼仪拿着电报呆呆地站立着，开口问道。

一句话提醒了张幼仪。“是呀，我现在该怎么办呢？”那人又说：“我去过陆小曼的家，可是陆小曼不收这电报，她说徐志摩的死讯不是真的，她拒绝认领他的尸体。”张幼仪心里很生气，徐志摩那么爱陆小曼，可是她竟然不肯认领徐志摩的尸体。

张幼仪派阿欢以徐志摩儿子的身份去认领父亲的尸体，可是阿欢才十三岁啊，得有人与他一起去办理徐志摩的后事，那个人应该是陆小曼，而不是张幼仪。可是，当时张幼仪不便去找陆小曼。于是，张幼仪马上打电话给八弟张禹九，请他带阿欢到出事的现场。

徐志摩的父亲徐申如，该怎么跟他说呢？他年纪大了，可受不起这样重的打击，不能将真相告诉他。吃早饭的时候，张幼仪说：“有架飞机出事了，志摩也在飞机上。“志摩受伤了吗？”“大概正在医院里抢救吧，具体情况我也不太清楚。”张幼仪支支吾吾地说着，眼睛也不敢朝他看。徐父说他不愿意在这种状况下到医院去，吩咐张幼仪代表他到医院去看望徐志摩，回来后把情况告诉他。第二天，徐申如问张幼仪，志摩现在怎么样？张幼仪仍然没有告诉他实情，只是说，他们正在想办法，可是不知道他们有没有办法。

过了几天，张幼仪看着瞒是瞒不过去了，哭着说：“没指望了，他去了！”徐申如此刻的心情当然是非常难过的，虽然他不赞同儿子与陆小曼的婚姻，但在亲情上，徐志摩毕竟是他的儿子呀。他流下了眼泪，脸上满是悲痛、愧疚和悔恨……

当张禹九带着阿欢到达济南时，徐志摩的一些朋友都已到了，有沈从文、张奚若、梁思成、金岳霖等。徐志摩的尸体已经安放在济南城的一个庙里。那个小庙原来是个卖窑器的店，院子里全是大大小小的坛坛罐罐，也搁了窑器。

徐志摩遇难的噩耗传出后，在文艺界引起很大震动，就连一度跟他笔墨相讥的鲁迅也从11月21日的《时报》上，剪下了关于这次空难事件的报道。中国银行在济南为徐志摩先举行了公祭和丧礼。

徐申如作了一副挽联：考史诗所载，沉湘捉月，文人横死，各有伤心，尔本超然，岂期邂逅罡风，亦遭惨劫？自襁褓以来，求学从师，夫妇保持，最怜独子，母今逝矣，忍使凄凉老父，重赋招魂？

张幼仪也有一副挽联，那是她二哥的朋友为她作的，因为她的心绪很乱，不知道该怎么写才好。挽联是这样的：万里快鹏飞，独憾翳云遂失路；一朝惊鹤化，我怜弱息去招魂。

挽联的开头用了“鹏”，这种鸟是候鸟，传说鹏的背很宽大，每年都要到天池去歇息，将徐志摩比作大鹏比较贴切。但是因“翳云”而迷失方向，表面上看，是表达飞机遇上了雾而撞山，实质上是暗指徐志摩在爱情路途上，被林徽因和陆小曼的“翳云”所迷惑，以至于“一朝惊鹤化”。最后一句：我“怜”你，为你“招魂”，是为了“怜”我们共同的“弱息”。阿欢没有了父亲，将失去宝贵的父爱，成了不完整的家庭的孩子。“弱息”还指徐志摩。徐志摩和阿欢是徐家的单传独苗。

这副挽联很妥当地写出了张幼仪当时的心情，对于徐志摩的不幸遇难，她心里是很难受的。归根到底，人是孤独的。一个人在漫长的道路上行走着，会有心灵的碰撞，会有生命的交汇，到头来，一切都要过去。人，还是孤零零的，背着沉重的回忆，独自走向那不可知的终点。张幼仪活着，她得承担徐志摩身后遗留的未尽的责任，必须要侍奉公婆，抚养徐家的独苗阿欢，还得管理徐家的产业。

在济南举行的公祭仪式做完后，中国银行安排了一节火车，将徐志摩的遗体运回上海，然后再送到硖石，入土为安。

本来，张幼仪不准备参加上海的公祭，不过她还是准备了一套黑色绸衫，以防到时弄得措手不及。果然，公祭的那天，有人打电话给张幼仪，要她一定得去一趟。

原来，陆小曼认为徐志摩穿这套中国式的寿衣不合适，应该换西装，而且棺材也得换成西式的。张幼仪到了现场，先向徐志摩三鞠躬。她看见他躺在花丛中，脸色很苍白，一点也不像他原来的面貌，他才三十五岁啊，正值创作的旺盛阶段。

张幼仪不同意给徐志摩换衣服，也不同意给徐志摩换棺材，怎么可以将他移过来又移过去呢？应该让他安静，不要再去骚扰他。张幼仪将自己的意思告诉身边的人，并说这是她的主意。说完，张幼仪就走了，她不愿意见到陆小曼。徐志摩就是为了供养她，在天上飞来飞去，结果飞到天上去，再也回不来了。

第二十一章

晚秋·告别人间

轨迹·一眼清泉

1988年，张幼仪在美国纽约去世。人生如戏，云烟一场，她的一生没有对不起任何人，终究落得个完满谢幕。她不凑合，不奢望无度，不欲望无边，严谨地做人，人生态度整洁。她诚心诚意、中规中矩地对待每一个人、每一件事、每一天，不心血来潮而半截五寸，不苟且偷安而随波逐流。她追求有滋有味、有情有致、有声有色的平安生活。我听说过一句话：不管你有多么真诚，遇到怀疑你的人，那就是谎言。张幼仪早年遇到了“怀疑”她的徐志摩，她成了永远的乡下来的“土包子”。

张幼仪的一生大概是贤惠、寂寞的。谁也没有想到，在那样一个女性不被重视的时代，张幼仪情场失意，但却成了人生最大的赢家。婚姻是女人的土壤，肥沃的土壤可以让女人开出娇艳的花朵，贫瘠的土壤会让美丽的女人凋零枯萎。但是，张幼仪晚年却依然以徐家和徐志摩为念，帮徐志摩出了全集，无论事实如何，她依然坚守内心。她因为传统，因为感恩，就算是离婚，也感谢徐志摩，她总是能看到生活的希望，总是能够净化掉生活的苦难。感恩善待自己的人，感恩万物，知恩图报，是一种善行和福报，也是张幼仪的一种生活态度。这种品德和智慧，让她懂得去珍惜和尊重，懂得付出，也懂得享受人间的美好，所以她最后获得了善念的恩泽，宽恕了别人，心境安宁。

婚姻是女人的土壤，肥沃的土壤可以让女人开出娇艳的花朵，贫瘠的土壤也可以让女人凋零。但是，张幼仪这样的女子，她将生命中每一片凋零的花瓣都化成了养分，完成了对自己的滋养。

一个女人的人生是可以一分为二的——婚前和婚后。婚姻是一道分水岭，坚强的女汉子遇到恰到好处的柔软男人和温馨婚姻，也会变得温柔如水；养尊处优的娇小姐，遭遇婚姻刺痛，走入无可回转的死胡同，亦会绝地反击，撑起一片天空。

婚姻可以改变女人，男人也可以改变女人，伤害更能改变女人。

看她和徐志摩的结婚合影，确实有些青涩和拘谨，但是岁月赋予了她许多东西，让她的生命姿态实现了逆生长，以越来越好的状态呈现。张幼仪晚年的照片光彩照人，很有味道。张幼仪身上有一股劲儿，那是来自女人骨子里叫作尊严的东西。

徐志摩的人生主线是爱情，张幼仪的人生主线是俗世。他们短暂交会，终会离开。只是徐志摩疲于爱情，成于爱情，也毁于爱情；张幼仪失去爱情，却赢得人生。

张幼仪传统温顺的外表下，藏着一颗出色商人的心，三十年代的上海，她威风八面，身价不菲，出色的商业头脑加坚韧和刻苦，使她登上了人生巅峰。

她的好，徐志摩不懂。徐志摩的折腾，她也不理解。他们是两条平行线，如果不交集，各有各的美，真缠在一起，便各自失去了自己，徐志摩失去了自己的柔软，张幼仪失去了自己的强悍。

离散之后，他们马上又恢复了各自。徐志摩依然满世界谈他淋漓尽致的恋爱，对女人无限温柔，甚至当着父母的面背陆小曼上楼。张幼仪也激发出了潜藏的能量，摒弃了深宅中温婉的少奶奶形象，成了叱咤商界的成功者。此时，他们才得以互相欣赏。

张幼仪说过，她不恨陆小曼，恨的是林徽因，但恨的也不是她硬生生拆散了她的婚姻，而是她既然答应了徐志摩，却又反悔，把他甩了。她不吃醋，她对徐志摩的爱，博大到像血缘至亲。也许，她自己都不知道，他们之间的缘分就是一种注定烧不起来的亲情。

徐志摩死后，张幼仪开始以寡妇自居，在潜意识里，她从没有离开过徐家，永远是徐家媳妇，但是在精神上，她又如此独立，不哀不怨。

几十年时光匆忽过眼，那些憧憬、伤害、绝望、崛起、平静、璀璨……她的人生，是从嫁给徐志摩开始的，也是从离开徐志摩开始的。甘苦俱存，也不乏精彩纷呈。

第二任丈夫过世后，张幼仪到纽约居住，1988年去世，是诗人情感生活中活得最长的人。奔跑成长的路上，她抵抗过一些软弱，在每个人都总会拥有的那段不自由的青春里，在硬着头皮落泪狂奔的夜里，在那些高温天被热浪包围的赛道上，张幼仪奔跑着，不知道多少次对自己说：要抗住，要坚持。她只有行走得更远一些，才能离那个曾经不够好的自己更远一些。

时代的沧海一粟

世事知足心常乐，人到无求品自高。张幼仪的一生早熟、沉稳、理性，大抵是因为她过早地从生活中提纯了一颗平常心：凡事看淡些，生活就自如些。要活着，就要清醒坦然，有阳光就有阴天，有痛苦就有微笑，人生应该简单、无悔。感觉累了，就停一停，感觉闷了，就静一静，她早已经学会了自我调节。感觉苦了倦了，就放一放；走得急了，就缓一缓，看看风景。

晚年，张幼仪回答侄孙女的话，堪称经典的爱情观："也许在志摩一生中遇到的几个女人中，说不定，我是最爱她的。"她的人生是四个阶段，三个转折点，都不曾沉沦，在荒芜的世界和失爱的荒漠里，她开辟出自强不息的励志之路，成为自己后半场人生的主宰和赢家。

梁实秋曾经评价，张幼仪一生尽了一个女儿、妻子和母亲的责任，尽责的人，值得尊重。她一直行走于中国传统与现代的挣扎中，骨子里她是传统的，作派上又是现代的。

比起林徽因，大部分人更喜欢张幼仪，虽然她没有林西式、新潮、浪漫，但她身上有林没有的一心一意。张幼仪深受旧式中国礼教的束缚，个性沉默坚毅，举止端庄，料理家务、养育孩子、照顾公婆、打理财务都甚为得力。但是，这些优点在张扬独立自我的诗人徐志摩眼里，就是没有见识，呆板乏味。

上个世纪九十年代，台湾女权运动的高潮时期，张幼仪被演绎为女性解放的典范，她的自立、自强，以及从不幸中寻找自我的经历，让很多当代女性感到扬眉吐气。现代文学史专家陈子善先生认为："张幼仪的一生，展示了一个女性成长的过程，她从传统到现代之间的困惑、选择的过程展示得比较清楚。"

至于张幼仪与徐志摩的离异，现代的观点认为："如果没有林徽因的出现，也会有别人，只是时间早晚的问题，她和徐志摩没有共同语言。"张幼仪是"在世"的，她只抓可以抓得住的东西，而徐志摩是"不在世"的。至死，张幼仪都无法原谅徐志摩的不负责任，她说："文人就是这个德性！"她也不承认林徽因和陆小曼对徐志摩的感情是爱。"如果她林徽因爱徐志摩，为什么在他离婚后，还任他晃来晃去？那叫作爱吗？”“人们说陆小曼爱他，可我看了她在他死后的作为（拒绝认领遗体）后，我不认为那叫爱，爱代表善尽责任、履行义务。”因此，张幼仪说：“在他一辈子遇到的几个女人里面，说不定我最爱他。”

每个人的一生像是一本书，女人读女人，那视野和感受与品读男人绝不相同。把男人读成一本书的时候，女人都成了书中的标点，不起眼，却能增色。女人读女人，可以静静地，读到内心。女人的故事很悠长、很凄美、很缠绵，但是又很温暖，温暖似阳春三月。女人的目光是细腻的，尖锐而不尖刻，温和而不柔弱，女人的目光能读到内心的浮动与柔情。

张邦梅读过她姑婆张幼仪了，我如今再来读，还是觉得这样一个沉默坚毅的女人，超越了她的时代，做出了常人难以做出的成绩。背后，我看到的是她穿越生活痛苦的厚度，还有她咬牙坚持，不断付出的一滴滴汗水和一个个蹒跚的脚印。

后记

起点与终点：人生是一场修行

佛说："修行是走一条路，一条通往我们内心最深远处的路。而在这条路的尽头，我们可以找到一种智慧，这种智慧能够让我们了解到生命的真谛。"人生是一场修行：每一个爱你的人，每一个恨你的人，每一个你爱的人，每一个你恨的人，无论是爱之深，抑或是恨之切，他们都是你人生中的一段经历，他们都在"帮助"你成就、完全你自己。修行是痛苦的，因为在这个过程中不会总是一帆风顺，更何况修行这个概念本身就足够痛苦了。因为它意味着你不得不自己去面对种种"不愿意去接受"的局，并咬牙去接受，经历拷打，完成自我的升华。修行的道路上，没有失败者也没有成功者，只有一段又一段各式各样的人生，无论是哪一段，它们都足够绚丽多彩、苦乐参半。

提到张幼仪，人们都会情不自禁地拿她跟徐志摩的另外两个女人——林徽因和陆小曼做比较。我认为，张幼仪的一生其实是胜利逆袭的。她的人生一波三折，幼年时是最平凡的，因为她富足快乐。林徽因则因为母亲失宠，从小就过早地自立，过早地洞悉了人世的复杂和人情冷暖。陆小曼的幼年则是集万千宠爱于一身，她的前半生用尽了自己一生的好运气。中年时张幼仪体味了生活的痛苦、命运的无常，她凤凰涅槃，痛苦挣扎，活出了自己。晚年，张幼仪收获满满，声誉远扬，圆满富足。林徽因则身体欠佳，病痛折磨，缺少闺蜜，树“敌”不少。陆小曼晚景凄凉，形单影只，贫困潦倒，孤独终老。如此比较，就结果而言，应该属张幼仪一生的修为最为丰满。

人生之修行在于舍得。有舍方有得，试想“得非所欲，舍亦非所愿”，该是一种何堪的心伤？林徽因太过完美，她简直是一个幸福女人完美的标本。她少女的浪漫主义给了中国现代最杰出的浪漫代表诗人徐志摩。她的那首以“尺锤”为笔名的诗歌《我懂得，但我怎能迎合》，1931年9月发表于徐志摩的《新月》诗刊。它势均力敌地回应着徐志摩热烈的追逐。“这一定又是你的手指，轻弹着，在这深夜里稠密的悲思，我不禁脸颊边泛起了红，静听着，这深夜里弦子的生动，一声听，从我的心底穿过，太凄凉，我懂得，但我怎能迎合，生命早描定了她的式样，太薄弱，是人们美丽的想象，除非在梦里有这么一天，你和我，同来攀动那根希望的弦。”林徽因是一个绝顶聪慧的女子，在错误的时间，遇见了对的人。林徽因对徐志摩说，她的笔名其实是一颗不能被丈量的心。他们也说好，只要心还跳，就要一直写诗歌。她的理性主义给了婚姻。她选择了一个清华理工男做老公，他家境优渥，是梁启超的大公子梁思成。她的母性给了中国逻辑学之父金岳霖先生。她太优秀，优秀的男人全都围着她旋转了起来。同样，她也成了女人们的众矢之的，所以冰心会写“太太的客厅”，凌淑华会故意藏起徐志摩在康桥的日记。相比之下，张幼仪平和了许多，所以她得到的是健康和儿孙满堂。

人生之修行在于承受。人生需要承受，因为只有不断地承受，我们才会不断地走向成熟，收获生命的欣喜。张幼仪的承受是在她出嫁被莫名讨厌之时，最终，她的隐忍也换来了生命中沉甸甸的果实。陆小曼虽然一直可以随心所欲，但是她失去了自律，最后只能香消玉损，美丽凋零。承受，使生命走向美丽和成熟；承受，更加彰显出生命的沉重。

人生之修行在于坚持。没有谁会知道明天是什么样子，也许是今天的复制，也许是昨天的粘贴，但是既然选择了远方，就要风雨兼程。张幼仪一个人咬着牙在国外一漂就是六年，这六年，她从一句英文都不会说，到后来用流利的德语跟房东太太吵架，后来也因为熟练德语，才得以回国后顺利找到东吴大学德文系教授一职。

人生之修行在于包容。张幼仪包容丈夫，她明白好女人都以柔克刚。林徽因晚年病重之际要见她一面，她带上阿欢来北平看望这个自己恨了一辈子的女人。阿欢问她，为什么要带自己来协和医院，来见她不想见的情敌，来见这个让他们一家人分离的女人。张幼仪说，我自己也不知道为什么要来到这里，也许是林徽因想见见徐志摩的孩子，也许她是爱徐志摩的，在这样生命快要结束的时候，她想再看一眼他的后代，也许只是为了不留下遗憾。其实行包容他人之举，是一种智慧，因为你在欣赏他人的同时，也在不断提升和完善自我。阿欢说，自己进去看林徽因可不可以不说话。张幼仪说，可以，但是要有礼貌。其实有时候只要内心真正拥有那份广阔的心胸，那份坦然、那份淡定、什么芥蒂都会解开。

人生之修行在于淡定。人生的道路是曲折坎坷的。我们有过成功，也有过失败；有过快乐，也有过痛苦；有过狂风暴雨的摧残，也有过艳阳高照的沐浴。面对这些，我们无需大喜，也不必大悲，因为这本是生活的一部分。我们需要用一种淡定的心态去面对。张幼仪一直都很平和，以至于一开始徐志摩和他的家人都以为她会是个逆来顺受的媳妇。其实，淡定不是顺从，是一种坚强而不露声色的隐忍，是一种沉默的韬光养晦，它厚积薄发后是会发生裂变的。

人生之修行在于超脱。张幼仪不是一开始就这么理性的。去德国后，她才明白为什么自己没有裹起小脚，却被丈夫嫌弃，是因为她的思想还是旧社会的，她从来不曾怀疑老祖宗的那些陈旧落伍的东西。现在我们所处的世界，车水马龙、霓虹闪烁、香车美女、别墅洋楼、鱼翅燕窝、鲍鱼熊掌，在这样一个充满诱惑的时代，面对这一切，人们便不由自主地浮躁起来。似乎我们什么都想得到，似乎这些在我们心中都是最美的。那我们的心灵呢？我们应该让它安静下来，还它美丽，因为只有拭去心灵深处的浮躁，才能找到幸福和快乐。

人生之修行在于感恩。张幼仪在后来徐志摩跟陆小曼结婚后，接济过好几次捉襟见肘的小曼。一次她补仓陆小曼的股票一千三百元，徐志摩一直到死去都没有还清这笔账，其实他欠她的又何止这些。她对徐志摩说，她没有带一分钱嫁进徐家，如今她拥有的也都是徐家的。所有的付出，是因为她感恩在德国期间，哪怕是中国战乱，徐家经济困难，徐父并没有短缺她在德国的开销。感恩，会让生活没有残缺。

修行有很多内容，特别是今天，面对这个物欲横流的世界，人们比任何时候都要经受更多的诱惑。如果不能有一个正确的是非标准，不能有正确的人生观、价值观，我们随时有可能成为欲望的奴隶，从而在人海中迷失自己。因此，每天每时，我们都要记住：我们是在进行一场修行。

戏如人生，人生如戏。我们每个人既是自己人生的导演，也是一生的主角，而如何以自己为主角，导演一部精彩的人生之剧，关键在于各自的修行。

回顾张幼仪的一生，完满充实，沉甸甸。其实她的出场并没有多么华丽，她不如林徽因显赫，也没有陆小曼奢靡，但是她每走一步都小心翼翼，战战兢兢，像是踏上了一条修行之路，这也是一条通往张幼仪内心最深远处的道路。而在这条道路的尽头，可以找到那种智慧，这种智慧能够让我们了解生命的真谛，使我们的生命达成充满喜悦的圆满状态。

修行路上的你和我，花开结果，即是菩提。如果我们能学会用一颗佛心来感悟人生，那么在尘事中，你就会慢慢地修炼成一朵花，人生就会变得幸福快乐！

关于幼仪，关于志摩，关于那些与他们有关的人和岁月，我想说的是，归根结底，还是在于人性。人性是界于兽性与善性之间人类的本能。

人的本性有欲望，泯灭人的本质就是兽；人的本质有道德，驾驭人的本性就是人。人具有二重性：一是人的自然属性，即人的本性，正是人的自然属性把人和神区别开来；二是人的社会属性，即人的本质，人的社会属性把人和兽区别开来。

“没有规矩，不成方圆。”张幼仪因为克制，所以她得以“标准”，梁实秋眼中的“她是一个受人尊重的少妇，每个见过她的人，没有不祝福她的”。

人生短短几十年，在宇宙简史中不过沧海一粟。生命没有那么长，爱情也不是生命的全部，所以没有必要把情爱看得那么重，有时候若是真的没有缘分，那就像张幼仪一样看开来，放下去，把生命的时光用在值得的事情上，也许这才是最明智的选择。

即使没有那么好的运气遇到愿意为自己买单的男人，但只要自己不放弃，人生就不会荒凉成一滩泡沫。

最后，祝福每个在尘世间食人间烟火的爱人，从明天起，面朝大海，春暖花开，做个幸福的人，能够祈福到凡夫尘世应该拥有的幸福。

韩素因

2015年8月26日凌晨于北京朝阳区

图书在版编目（CIP）数据

张幼仪：爱到绝境，灵魂才会逆袭 / 韩素因著 . —北京：时事出版社，2016.3

ISBN 978-7-80232-935-5

Ⅰ . ①张…　Ⅱ . ①韩…　Ⅲ . ①张幼仪（1900~1988）-传记　Ⅳ . ① K828.5

中国版本图书馆 CIP 数据核字（2015）第 306289 号

出 版 发 行：时事出版社
地　　　址：北京市海淀区万寿寺甲 2 号
邮　　　编：100081
发 行 热 线：（010）88547590　88547591
读者服务部：（010）88547595
传　　　真：（010）88547592
电 子 邮 箱：shishichubanshe@sina.com
网　　　址：www.shishishe.com
印　　　刷：北京建泰印刷有限公司

开本：670 × 960　1/16　印张：16　字数：150 千字
2016 年 3 月第 1 版　2016 年 3 月第 1 次印刷
定价：28.00 元
（如有印装质量问题，请与本社发行部联系调换）